IN VINO VERITAS

IN VINO VERITAS

La science du vin pour amateurs éclairés

Albert Adam

Les Presses de l'Université de Montréal

Illustration de la couverture: Alphonse Mucha, *Le Fruit*, 1897

Catalogage avant publication de Bibliothèque et Archives nationales du Québec et Bibliothèque et Archives Canada

Adam, Albert, 1946-

In vino veritas: la science du vin pour amateurs éclairés

Comprend des réf. bibliogr.

ISBN 978-2-7606-2780-2

1. Vin. 2. Vin – Dégustation. 3. Vin – Aspect sanitaire. I. Titre.

TP548.A322 2012   641.2'2   C2012-941106-X

Dépôt légal: 3ᵉ trimestre 2012
Bibliothèque et Archives nationales du Québec
© Les Presses de l'Université de Montréal, 2012

ISBN (papier) 978-2-7606-2780-2
ISBN (epub) 978-2-7606-3100-7
ISBN (pdf) 978-2-7606-3099-4

Les Presses de l'Université de Montréal reconnaissent l'aide financière du gouvernement du Canada par l'entremise du Fonds du livre du Canada pour leurs activités d'édition. Les Presses de l'Université de Montréal remercient de leur soutien financier le Conseil des arts du Canada et la Société de développement des entreprises culturelles du Québec (SODEC).

IMPRIMÉ AU CANADA EN AOÛT 2012

*Je vais parler de la vigne avec la gravité qui sied à un
Romain lorsqu'il traite des arts et des sciences utiles;
j'en parlerai, non comme le ferait un médecin, mais comme
le ferait un juge chargé de se prononcer sur la santé physique
et morale de l'humanité.*

PLINE L'ANCIEN

Avant-propos

Un livre consacré au vin? Encore un? me direz-vous. Eh oui, encore un! Mais celui-ci est assez différent de ceux que tout amateur de vin curieux peut consulter, du moins en français.

Le monde du vin est extrêmement complexe, et ses différents aspects relèvent d'une discipline scientifique particulière. Cette complexité est propre à décourager l'amateur ou le chroniqueur de vin non averti ou un peu paresseux... C'est la raison pour laquelle aucun des nombreux livres de la littérature œnologique grand public, essentiellement en langue française, ne répond à cette question simple, du moins en apparence: *qu'est-ce que le vin?* Réellement, objectivement, au-delà du snobisme, de la mystification, des anecdotes, des propos bachiques, des notes de dégustation subjectives, parfois même ésotériques, et bien sûr des arguments de marketing.

Pour tenter de répondre à cette question, j'ai entrepris la première des démarches d'un travail scientifique: une recherche bibliographique approfondie. Entre 1990 et 2012, le vin a fait l'objet de près de 10 000 articles scientifiques, en très grande majorité en langue anglaise (en fait, plus de 95 %). J'ai donc répertorié et analysé d'un œil critique cette abondante littérature dont la richesse contraste étonnamment avec la banalité des livres grand public consacrés au vin. Je ne donne qu'un bref aperçu de cette richesse dans ma bibliographie, mais celui qui serait toutefois intéressé à approfondir le sujet peut trouver mes notes bibliographiques sur le site web des Presses de l'Université de Montréal.

Cette littérature couvre trois aspects principaux, différents mais complémentaires, concernant l'intrusion de la science dans le monde du vin.

Le premier volet est essentiellement pratique. Il analyse les apports de la chimie, de la physicochimie et de la microbiologie dans la culture de la vigne et l'élaboration du vin, les rendant moins hasardeuses, moins dépendantes des caprices de la nature.

Le deuxième étudie différents domaines apparentés au vin : l'origine de la vigne et des cépages, les processus microbiologiques de la fermentation, les aspects physiologiques de la dégustation et la nature des molécules détectées, les arguments expérimentaux et épidémiologiques montrant les effets bénéfiques d'une consommation modérée de vin sur la santé.

Un aspect plus prosaïque mais tout de même scientifique termine notre réflexion. Quels sont les défis de la production et du commerce de l'« or rouge » à l'orée du XXIe siècle ? Le marketing n'est-il pas aussi enseigné comme une science ?

Mon objectif est de vous offrir l'information pertinente propre à une meilleure connaissance du vin, source de respect pour le produit de la vigne et du travail de l'homme. C'est donc le fruit de cette quête œnologique approfondie et critique que je vous livre ici, à vous, amateurs de bon vin. Mieux connaître le vin, c'est aussi mieux l'aimer, l'apprécier à sa juste valeur et, pourquoi pas, le déguster sous un éclairage nouveau.

◆

J'adresse un simple mais cordial merci à tous ceux et celles qui ont permis la réalisation de ce livre dans sa forme et dans son contenu.

Mes remerciements vont tout particulièrement à mes collègues et amis pour leur contribution relevant de leurs compétences propres.

LE FRUIT DE LA VIGNE

Si tu ignores le nom des choses,
même leur connaissance disparaît.

Carl von Linné

La vigne, comment la définir? Comment en retracer l'histoire? Comment expliquer la diversité et l'origine des cépages? C'est à cet ensemble de questions que nous aident à répondre les sciences exactes et, en particulier, la biologie et la génétique moléculaires.

La vigne

Au XVIIIe siècle, Carl von Linné, grand naturaliste et botaniste suédois qui a fondé la taxonomie scientifique, donne à la vigne cultivée le nom latin de *Vitis vinifera vinifera*, c'est-à-dire la vigne (*Vitis*) qui porte le vin (*vinifera*), et il répète *vinifera* pour bien la distinguer des autres vignes, dont le fruit est impropre à la vinification, en particulier *Vitis vinifera sylvestris*, la vigne qu'on trouve dans la forêt. Vous l'aurez compris, l'une vit à l'état sauvage; l'autre est cultivée.

L'une et l'autre sont donc deux sous-espèces de *Vitis vinifera*. Cette dernière appartient au genre *Vitis*, riche de quelque 60 espèces interfertiles, répandues en Europe, en Asie et en Amérique sous des climats continentaux et tempérés. Avec 16 autres, le genre *Vitis* fait partie de la grande famille des Vitacées qui compte pour sa part plus de 1000 espèces. On trouve *Vitis vinifera*, que certains appellent «vigne européenne», des bords de l'océan Atlantique aux contreforts ouest de l'Himalaya; elle est aussi considérée aujourd'hui comme la seule espèce d'intérêt économique, avec ses multiples variétés nommées «cépages».

À ce jour, plus de 30 autres espèces de vigne ont été répertoriées en Chine, en Amérique du Nord et en Amérique centrale. Aucune d'elles cependant n'est propre à la fabrication du vin. Certaines vignes américaines ont contribué au sauvetage du vignoble européen durant l'épidémie de phylloxéra qui a eu lieu au XIXᵉ siècle. Elles sont toujours utilisées comme porte-greffes pour les différents cépages de *Vitis vinifera vinifera*.

Vitis vinifera sylvestris et *Vitis vinifera vinifera*

La vigne sauvage, aussi appelée «lambrusque», pousse encore dans plusieurs pays qui bordent la mer Méditerranée, sur les rives du Rhin et du Danube et, plus à l'est, sur les bords de la mer Noire et de la mer Caspienne. Cette aire de distribution pourrait être un pâle reflet de celle qui existait à l'origine. Les conditions climatiques ne sont pas les seules responsables de la disparition partielle de *Vitis vinifera sylvestris*; les conséquences de l'industrialisation, principalement la pollution, et diverses infections comme le phylloxéra y ont également contribué. C'est d'ailleurs maintenant une espèce protégée.

Contrairement à *Vitis vinifera vinifera*, la vigne sauvage n'a pas l'aspect d'un buisson. C'est une plante grimpante, une liane, si vous préférez, qui peut dépasser 20 m de hauteur. Elle s'accroche par ses vrilles au tronc et aux branches d'arbres aussi différents que le chêne et l'olivier; elle se faufile entre leur feuillage, à la recherche de lumière pour fleurir et fructifier.

Comme les deux sous-espèces existent toujours, il est relativement facile pour les ampélographes — les scientifiques qui étudient la vigne — de les comparer. Malgré certaines similitudes, il n'y a pas identité des caractères morphologiques. Les feuilles et les vrilles, par exemple, sont différentes. En général, les raisins de la vigne sauvage, recouverts d'une épaisse peau noire ou rouge mais rarement blanche, ont un goût astringent et aigrelet. Ils sont également plus petits. Leur teneur en sucre, plus faible que celle des raisins de la vigne domestique, est peu propice à la vinification.

Par contre, la concentration de 15 à 20 % de sucre, essentiellement sous forme de glucose et de fructose, des raisins de *Vitis vinifera vinifera* donne un fruit agréable à manger, frais ou sec, et un jus qu'on peut faire fermenter jusqu'à ce qu'il ait atteint une concentration suffisante d'alcool : le vin.

Les pépins de la vigne sauvage aussi sont plus petits. Leur indice largeur/longueur est généralement plus élevé que celui des pépins de la sous-espèce cultivée. En paléobotanique — la science qui étudie les fossiles végétaux —, cet indice permet de déterminer si des pépins fossilisés appartiennent à l'une ou à l'autre sous-espèce.

La différence principale entre les deux sous-espèces de *Vitis vinifera* tient à leur sexualité, sur laquelle repose la fécondation, un des deux modes de reproduction végétale.

La fleur de *Vitis vinifera sylvestris* est *dioïque* : elle est mâle ou femelle ; elle peut donc renfermer soit des étamines (organes sexuels mâles), soit un pistil (organe sexuel femelle). La fleur de *Vitis vinifera vinifera*, par contre, est hermaphrodite : elle renferme à la fois des étamines et un pistil. Ce changement de sexualité est dû, on le sait maintenant, à une mutation affectant la fleur mâle. D'un point de vue pratique, cette mutation donne un avantage majeur à *Vitis vinifera vinifera* : l'autofécondation. En d'autres mots, la fécondation peut se faire au sein d'une même fleur ; elle ne nécessite plus deux fleurs de sexe opposé comme c'est le cas pour *Vitis vinifera sylvestris*.

Le vignoble

Quand *Vitis vinifera sylvestris* a-t-elle donné naissance à *Vitis vinifera vinifera*? À quand remonte la domestication de cette dernière?

Le genre *Vitis* est apparu sur la Terre bien avant l'homme. Par ailleurs, des grains de pollen fossiles semblables, voire identiques, à ceux de *Vitis vinifera sylvestris* ont été trouvés dans différents sites néolithiques, en Europe et au Proche-Orient. Certains auteurs pensent que la transition de la sous-espèce dioïque (*Vitis vinifera sylvestris*) vers la sous-espèce hermaphrodite (*Vitis vinifera vinifera*) a été progressive, mais on n'en a pour l'instant aucune preuve scientifique.

Des textes sumériens, datant du troisième millénaire avant J.-C., évoquent la culture de la vigne, du figuier, du palmier et de l'olivier. Ils ne disent rien cependant des origines de la culture de la vigne et de la fabrication du vin, qui sont encore plus anciennes.

En fait, c'est la paléobotanique qui nous instruit sur les débuts de la viticulture, et ce, grâce à des techniques physico-chimiques modernes très sophistiquées appliquées à l'étude des fossiles. Ainsi, la mesure du taux de carbone radioactif (^{14}C) contenu dans des amas de pépins de *Vitis vinifera vinifera* retrouvés dans des sites archéologiques en Géorgie a montré qu'ils dataient de la même époque que la sédentarisation de l'homme. La domestication et la culture de la vigne se situent donc entre le VIIe et le IVe millénaires av. J.-C., et se sont faites entre la mer Noire et la mer Caspienne, non loin du mont Ararat où, selon certains, s'échoua l'arche de Noé. C'est à ce moment que l'homme se sédentarise, pour profiter du fruit de ses récoltes, pour brasser sa bière, surveiller son levain, pétrir son pain et, pourquoi pas, fabriquer du vin, le tout avec... la même levure : *Saccharomyces cerevisiæ* !

D'autres preuves (amas de pépins avec des noyaux d'olive) de cette domestication ont été trouvées dans plusieurs sites archéologiques du Moyen-Orient. Ces vestiges sont par conséquent postérieurs à la sédentarisation de l'homme.

Les preuves scientifiques permettant de déterminer à quelle époque l'homme a commencé à fabriquer du vin ne sont qu'indirectes ; elles reposent sur l'analyse chimique de différentes pièces archéologiques. Des cristaux d'acide tartrique et de tartrate de calcium ont notamment été identifiés par le Dr Patrick Mc Govern au laboratoire d'Archéologie moléculaire de l'Université de Pennsylvanie, dans des amphores mises au jour durant la fouille de deux sites situés sur le mont Zagros, dans le nord de l'Iran actuel. Le plus ancien de ces sites (Hajii Firuz Tepe) date de 5400-5000 av. J.-C. ; l'autre (Godin Tepe), de 3100-2900 av. J.-C. L'acide tartrique fera l'objet des premiers travaux scientifiques de Louis Pasteur, cinq millénaires plus tard. Il est un constituant du raisin, de son jus et donc du vin. On le trouve aussi dans d'autres fruits comme l'aubépine, le tamarin et la prune et dans certains légumes. Ainsi, ces amphores ont peut-être contenu du jus de raisin, du vin également. Dans les deux cas, ces cristaux ont été extraits d'un résidu rougeâtre constitué d'essence de térébenthine qui provient du pistachier, et probablement déjà utilisée pour éviter ou ralentir l'oxydation du vin.

D'autres preuves, plus récentes, montrent qu'on fabriquait du vin dès cette époque. En 2011, une équipe de chercheurs californiens a publié les résultats de l'analyse de débris d'amphores, mis au jour dans le site archéologique d'Areni, non loin des deux sites dont nous venons de parler (Hajii Firuz Tepe et Godin Tepe) et datant du IVe millénaire av. J.-C. Ces chercheurs ont détecté la présence de malvidine et de son métabolite, l'acide syringique (figure 1), à la surface de ces débris. La malvidine, nous en reparlerons plus loin, est une des anthocyanes du raisin noir, les pigments qui colorent en bleu-violet la pellicule du grain, et elle en est extraite durant la macération et la fermentation alcoolique. C'est d'ailleurs à elle qu'on doit les taches de vin rouge particulièrement résistantes au lavage. Ces indicateurs chimiques, associés au datage par le carbone 14 d'autres témoins fossiles, renforcent l'hypothèse que les habitants de cette partie du monde fabriquaient bien du vin à l'époque chalcolithique.

FIGURE 1
Structure chimique de la malvidine et de son métabolite, l'acide syringique

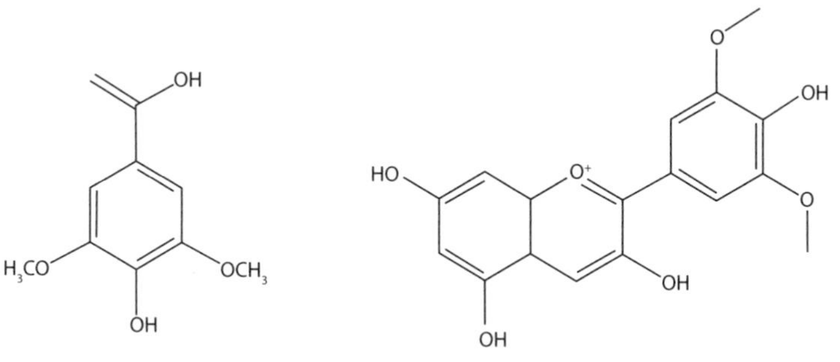

Acide Syringue

Malvidine

Source: Ribéreau-Gayon, P. *et al.*, 1998.

Enfin, des brins d'acide désoxyribonucléique (ADN) issus d'une levure similaire ou identique à *Saccharomyces cerevisœ*, encore utilisée à l'heure actuelle pour la fermentation alcoolique du jus de raisin, ont été découverts dans une amphore égyptienne datant de 3150 av. J.-C.

À ce point, vous pourriez me poser deux questions. La première : comment a-t-on découvert que l'on pouvait fabriquer du vin ? De manière fortuite sans doute. Un de nos ancêtres aurait-il oublié des raisins dans une jarre ? Comme Noé, ou bien comme cette princesse sumérienne délaissée par son amant et qui voulut mettre fin à ses jours en ingurgitant le liquide issu de la macération de ces raisins. Oh surprise ! La princesse n'y trouva pas un terrible poison, mais un agréable liquide. La deuxième question pourrait être : à quoi ressemblait le premier vin ? Certainement à un vin de goutte, résultat de la macération appelée « carbonique » aujourd'hui.

Le vin fait très tôt l'objet d'un commerce intense, d'abord entre le nord et le sud de la Mésopotamie, puis entre les rives du bassin méditerranéen.

Avec d'autres denrées, il est transporté sur le Tigre et l'Euphrate entre Uruk et Babylone, où le célèbre roi Nabuchodonosor se perd dans des libations sans fin, sans se douter qu'un jour une bouteille de 15 l de vin de Champagne portera son nom.

Deux théories s'affrontent à l'heure actuelle sur la domestication de la vigne. Le débat porte sur l'unicité ou la multiplicité des sites de domestication. Certains chercheurs affirment qu'il y a un seul site, situé en Asie mineure, sur le mont Zagros ; la culture de la vigne aurait progressivement gagné la vallée du Jourdain, celle du Nil, la Crète et enfin les côtes de l'Italie et de la péninsule Ibérique.

Pour les autres, les sites de domestication de *Vitis vinifera sylvestris* sont multiples. L'étude génétique de cépages locaux et anciens dans le sud de la France et en Espagne semble appuyer cette hypothèse, puisqu'elle tend à montrer que le phénomène se serait produit à plus d'un endroit.

Même si la vigne ne faisait pas partie de la flore égyptienne, de nombreux vestiges archéologiques nous renseignent sur la viticulture et la fabrication du vin dans l'Égypte des pharaons. On pense que la vigne a été introduite dans la vallée du Nil pendant la période prédynastique. Des pépins datant du IVe millénaire av. J.-C. ont en effet été trouvés au sud du Caire. Les plus anciens vestiges datent de la Ire dynastie, c'est-à-dire environ 3100 av. J.-C. Dès cette époque apparaît, par exemple, un hiéroglyphe représentant une presse. Celle-ci devait servir à exprimer le jus du raisin, mais aussi l'huile des olives. Plus récemment, dès la XVIIIe dynastie, les différentes scènes de la fabrication du vin sont représentées par des peintures recouvrant les murs des chambres funéraires de plusieurs pharaons et de certains hauts dignitaires. Ce sont ces mêmes chambres funéraires qui nous ont livré les amphores de couleur rouge, fabriquées avec la terre alluviale du Nil. Avec d'autres objets, ces amphores étaient censées faciliter le passage du défunt dans l'au-delà. Ainsi, sur les 26 jarres découvertes par Howard Carter en 1922 dans la tombe de Toutânkhamon (1345-1327 av. J.-C.) sont inscrits des détails dont certains figurent encore aujourd'hui sur les flacons que nous dégustons : l'origine et le millésime du vin, le nom du maître de chai et, bien sûr, le nom du pharaon régnant. Lorsqu'il mourut à l'âge de dix-neuf ans, l'enfant-pharaon, comme on l'appelle, pouvait-il boire du vin? Peut-être. Était-il un œnophile averti? Il nous est permis d'en douter.

Comme le blé et l'olivier, la vigne est cultivée en Crête, berceau de la viticulture en Grèce, dès l'âge du bronze. Des vestiges archéologiques datant de la période mycénienne (1600 av. J.-C.) attestent que l'on fabriquait du vin durant cette même période. Très tôt, le vin fait partie des échanges commerciaux entre la Grèce et différents pays de la Méditerranée. Par exemple, Hérodote nous apprend que le vin était échangé contre du papyrus venu d'Égypte dans la ville de Biblos, en Phénicie, le Liban actuel. Biblos, où est né Hiram, l'architecte du temple de Salomon, signifie «le livre» en grec. Ce sont d'ailleurs les Phéniciens qui semblent avoir introduit la culture de la vigne et le vin en Afrique du Nord et en particulier en Tunisie. En effet, l'Afrique du Nord aurait été dépourvue de vigne domestique au moment où les Phéniciens fondèrent la ville de Carthage ; Carthage, où vécut l'agronome Magon dont les œuvres ont disparu avec la destruction de la ville par les Romains en 146 av. J.-C.

Les Grecs établissent de nombreux comptoirs commerciaux, des colonies, autour de la mer Noire et de la Méditerranée, surtout en Sicile et dans le sud de la France. Ainsi, Massalia (Marseille) est fondée par des colons de l'île de Phocée en 653 av. J.-C. Cette cité phocéenne est considérée comme le port d'entrée du vin en Gaule. Celui-ci est l'objet d'un commerce intense et prospère avec les tribus celtes, comme en témoignent différents vestiges archéologiques dont le plus connu est un magnifique cratère de bronze, le vase de Vix, découvert en 1953 dans un oppidum du mont Lassois, en Côte-d'Or. Cet objet date du VIe siècle av. J.-C. et peut être admiré au musée de Châtillon-sur-Seine.

Ce vin, nous dit Homère dans l'*Odyssée*, fut d'abord transporté dans des outres en peau de chèvre ou d'âne. C'est le cas du vin noir de Maronée, celui-là même dont le cyclope Polyphème s'enivra. Ces outres seront plus tard remplacées par des amphores, comme celles retrouvées dans plusieurs tombes mycéniennes, dans l'épave d'un bateau échoué au large de la Turquie, ou encore au large de la cité phocéenne. Ces amphores séchées sur des lits de feuilles de vigne portent l'empreinte de ces dernières, de même que la provenance du vin qu'elles contenaient. On peut ainsi constater que les vins de Chios, de Lesbos et de Naxos étaient particulièrement réputés.

Il est facile d'imaginer que, à cette époque comme aujourd'hui, le vin n'est pas le seul produit de la vigne dont on fait le commerce. Il y a également les raisins secs de Smyrne ou de Corinthe, l'huile de pépin et le vinaigre de vin, ainsi que les feuilles de vigne utilisées en cuisine.

Les colons grecs ne se contentent pas d'exporter le vin de la mère patrie; ils vont aussi planter de nombreux vignobles sur les rives de la Méditerranée, dans le sud de l'Italie, en Sicile, en Espagne et peut-être même au Portugal. Que savons-nous des cépages cultivés? Peu de chose, si ce n'est qu'au moins un cépage actuel est certainement

Quelques termes techniques

Vin de goutte, macération carbonique, pigeage, passerillage sont des termes techniques associés à la vinification.

Principalement utilisée pour la production de vins nouveaux, la macération carbonique se fait dans une atmosphère saturée de dioxyde de carbone et permet de produire un jus appelé jus de tire (par opposition au jus de presse), particulièrement aromatique. Le vin de goutte est donc issu du jus de raisin qui s'écoule naturellement, par gravité, des grains de raisin et ce, sous l'effet de leur poids.

Le pigeage a pour but de maximiser l'extraction des pigments que contient la pellicule des raisins noirs. Il consiste donc à favoriser le contact entre le jus de raisin et le chapeau (la rafle et les pellicules) au cours de la fermentation alcoolique.

Comme la vendange tardive, le passerillage vise à augmenter la concentration de sucre dans le grain de raisin par évaporation de l'eau, en laissant le raisin mûr sur des claies de paille. Cette technique est utilisée en Arbois pour produire le fameux vin de paille du Jura.

d'origine grecque. L'aglianico, déjà mentionné par Horace, serait à l'origine l'ellenico; or on sait qu'«*Ellas*» signifie «la Grèce». Ce cépage grec était un des composants du fameux vin de Falerne. Il est encore connu à l'heure actuelle sous plus de 20 autres noms.

Grâce aux écrits d'auteurs grecs comme Théophraste, nous en savons un peu plus sur les pratiques viticoles et vinicoles qui seront plus tard décrites par l'agronome romain Columelle, né à Cadix, au Ier siècle de notre ère. Ainsi les Grecs connaissaient déjà le pigeage, le vin de goutte et le passerillage.

Lorsqu'ils prennent le contrôle du bassin méditerranéen, les Romains étendent cette viticulture à leurs colonies, lesquelles correspondent à la France, à l'Allemagne et à l'Autriche actuelles. Cependant, on ne peut exclure qu'une viticulture moins développée existait dans ces pays avant leur arrivée.

En France, le commerce du vin d'abord, la viticulture ensuite se répandent à partir de Phocée vers la province de la Narbonnaise, mais aussi vers le nord en suivant les cours d'eau: Rhône, Loire et Seine. Le tonneau de bois cerclé de fer, inventé par les Celtes, remplace progressivement l'amphore, facilitant le transport du vin par voie fluviale, sur la Durance, par exemple, comme le montre un très beau bas-relief datant du IIe siècle, exposé au musée Calvet à Avignon.

En l'an 92 de notre ère, l'empereur Domitien ordonne la destruction de la moitié du vignoble gaulois, car celui-ci devient trop important, supplantant le vignoble italien, ainsi que la culture du blé. Cet édit ne sera que partiellement appliqué et sera abrogé par un de ses successeurs, Probus, en l'an 300.

À partir du IVe siècle, la culture de la vigne, la fabrication et le commerce du vin suivent l'essor du christianisme en Europe. Ce sont les abbayes qui sauvent le vignoble des invasions barbares en préservant des îlots de certains cépages. Plus tard, on assiste au développement de la viticulture seigneuriale illustrée dans les livres d'heures.

Il semblerait que ce soit à une ordonnance de Cortés de 1524 que l'on doit l'implantation de la viticulture sur le continent américain, au Mexique plus exactement, même si, au XIe siècle, le chef viking Leif Ericson avait donné au Groenland le nom de Vineland, c'est-à-dire «terre de vigne» — un peu comme les Grecs avaient nommé «*Enotria*» le sud de l'Italie, la «terre du vin». Ce n'est ni *Vitis vinifera sylvestris* ni *Vitis vinifera vinifera* qui pousse au Vineland, mais bien une vigne indigène, peut-être *Vitis labrusca* ou *Vitis rotundifolia*, celle-là même qui poussait dans le jardin de Thomas Jefferson, en

Virginie, avant qu'il ne jette les bases de la classification des crus classés de Bordeaux et ne devienne le troisième président des États-Unis d'Amérique.

La viticulture en Afrique du Sud date de l'arrivée des premiers colons en 1652. Les origines des vignobles californien et australien remontent à la deuxième moitié du XVIIIe siècle. Les vignobles néo-zélandais et canadiens, quant à eux, sont plus récents: ils datent de la fin du XIXe siècle. Les vignobles indiens et chinois sont les derniers-nés du vignoble planétaire, du moins dans leur forme actuelle.

La génétique des cépages

Nous venons de présenter la vigne, celle qui nous donne le vin, nous avons défini ce qu'est *Vitis vinifera vinifera*, nous avons décrit ses principales caractéristiques et nous en avons brièvement tracé l'histoire. Cependant, quand nous buvons du vin, tel ou tel cépage, telle variété de vigne, si vous préférez, nous plaît davantage qu'une autre. Ainsi, Émile a un penchant pour le pinot noir; Jean a un petit faible pour le cabernet sauvignon; quant à Marilou, elle reconnaît volontiers que le chardonnay est son cépage blanc préféré.

À propos des cépages, Michel de Montaigne remarque au XVIᵉ siècle: «Leur plus universelle qualité est leur diversité.» Bien avant, le poète latin Virgile observait: «Il est plus aisé de compter les grains de sable sur les bords de la mer que de dénombrer les cépages.»

Même s'il varie selon les sources, on estime le nombre de cépages connus à plus de 10 000. La grande majorité d'entre eux, ou leur ADN, nommé «plasma germinatif», sont conservés dans des jardins ou des instituts botaniques. Une centaine tout au plus sont encore cultivés. Plus surprenant encore, la plupart des amateurs de vin n'en connaissent qu'une dizaine. Quatre raisons principales, au moins, expliquent cette disproportion entre le nombre élevé de cépages répertoriés et le nombre restreint de ceux qui sont cultivés.

Tout d'abord, et comme le remarquait déjà Columelle, le même cépage peut être connu sous des noms bien différents en fonction de l'endroit où il est cultivé. Par exemple, l'ampélographe Pierre Galet répertorie pas moins de 32 synonymes pour désigner le chenin; certains d'entre eux reflètent leurs origines: plant blanc et pinot d'Anjou, ou encore pineau de Loire (les termes «pinot» et «pineau» peuvent aussi être une source de confusion).

Par ailleurs, le même mot peut désigner deux cépages différents. Ainsi, Pierre Galet nous apprend que le melon ou muscadet est également appelé «gamay blanc». Cependant, celui-ci ne semble pas être la forme blanche du gamay noir du Beaujolais.

Un certain nombre de cépages ont aussi été détruits en Europe par diverses maladies importées d'Amérique au XIXᵉ siècle, principalement le phylloxéra et le mildiou.

Enfin, la viticulture est étroitement liée à la consommation du vin. À l'heure du vignoble mondial, la nature des cépages cultivés — principalement le cabernet sauvignon, le merlot, le pinot noir et la syrah pour les vins rouges, et le chardonnay, le sauvignon blanc et le riesling pour les vins blancs — est avant tout dictée par le goût des consommateurs. L'uniformisation du goût et la consommation de masse ont imposé un autre type de sélection des cépages en amenant nombre de producteurs à fabriquer des vins prêts à boire, taillés sur mesure, «*tailored wines*», comme disent les Anglo-Saxons.

L'histoire des cépages

Certaines variétés de vignes figurent déjà sur les amphores de l'Égypte des pharaons. Quels étaient ces cépages? Nous ne le savons pas ou, plus exactement, pas encore, car, un jour, les techniques de biologie moléculaire permettront certainement aux archéobotanistes de percer ce mystère.

Dans son *Histoire naturelle*, Pline l'Ancien (23-79 ap. J.-C.) donne une description détaillée des vignes les «plus remarquables» de son temps. Certains cépages cultivés à l'époque romaine le sont encore aujourd'hui. Ainsi, quand Pline parle d'un «*Vinum Trebulanum*», il s'agit bien d'un vin issu du trebbiano, cépage sans grand relief connu aussi sous le nom d'ugni blanc. Il mentionne également une «*Uva spinea* [...] *quae sola alitur nebulis*». N'est-ce point là le nebbiolo, cépage qui entre dans la composition des barolos et barbarescos piémontais? Quant aux vignes «apianes», Pline observe qu'elles attirent les abeilles comme le raisin muscat. Il décrit en outre des variétés de vignes qui poussent au-delà des Alpes et dont le raisin ne se récolte pas avant les gelées. S'agit-il de vendanges tardives ou des précurseurs de nos vins de glace?

Pour sa part, Columelle décrit, entre autres, un cépage espagnol nommé «biturica». Selon l'ampélographe Pierre Galet, ce serait l'ancêtre du cabernet sauvignon, aussi connu en Gascogne sous le nom de «bit duro» et à Bordeaux sous le nom de «vidure», à cause de son cep dur à tailler. Enfin, certains auteurs attribuent à Columelle la première description du pinot noir dans son *De re rustica*, publié en l'an 65.

Traditionnellement, les caractéristiques sur lesquelles on se fonde pour identifier et classer les cépages sont de nature morphologique: la forme des feuilles, la grosseur et la couleur des grains de raisin ou encore la distance entre les nœuds sur les sarments. Ce sont ces caractéristiques qui ont été utilisées par plusieurs ampélographes du siècle dernier, comme Pierre Viala, Pierre Galet, bien sûr, mais aussi Alexandre Négrul et Louis Levadoux.

Vous comprenez aisément que ces caractéristiques morphologiques sont propres aux différents cépages évidemment, mais peuvent être modifiées par des facteurs environnementaux ou épigénétiques. Leur analyse dépend également de l'expérience de l'ampélographe, de l'acuité de son observation et de son sens critique. Il ne faut donc pas écarter une certaine subjectivité, source de

Les cépages

Au XXe siècle, Alexander Négrul a étudié les caractérisques morphologiques des cépages en fonction de leur distribution géographique. Ce n'est pas un hasard, puisque cet ampélographe est un élève du botaniste Nikolaï Vavilov qui a été le premier à émettre l'hypothèse selon laquelle il faut chercher l'origine d'une plante domestique là où pousse la variété sauvage. Cette théorie s'applique justement à *Vitis vinifera vinifera*, comme nous l'avons vu plus haut.

Alexander Négrul a donc classé les cépages, qu'il appelle **proles**, en trois groupes, respectivement **pontica**, **orientalis** et **occidentalis** en fonction de leur situation géographique.

Louis Levadoux, quant à lui, étudie la parenté morphologique entre les différents cépages d'une même région. Il établit aussi un rapport entre rusticité et pouvoir vinifère. C'est justement le cas du pinot noir, un cépage ancien mentionné dès 1394, semble-t-il, sous le nom de «pinoz».

confusion supplémentaire à celles que nous avons déjà mentionnées, relatives à la nomenclature des cépages.

La classification des cépages

Quelle est l'origine de cette diversité de cépages? Peut-on expliquer cette richesse variétale uniquement par la phénotypie qui touche nos sens?

En fait, la génétique de la vigne et son mode de reproduction nous permettent une approche rationnelle des caractéristiques phénotypiques des différents cépages. Pour certains scientifiques, dont mon ami Guy, tout est génétique. Je nuancerai cependant ce propos en disant que les bases génétiques des caractères morphologiques de la vigne sont, tout comme chez l'homme, modulées par des facteurs environnementaux.

À l'heure actuelle, on considère que deux phénomènes principaux permettent d'expliquer la phénotypie des cépages. Ce sont, d'une part, la nature de leur reproduction sexuée ou végétative et, d'autre part, les mutations somatiques.

LA REPRODUCTION DE LA VIGNE. ◆ Nous avons vu que la vigne cultivée, contrairement à la vigne sauvage (ou lambrusque), est hermaphrodite. Cette caractéristique permet à la fleur de s'autoféconder, ce qui n'exclut pas qu'elle soit fécondée par des grains de pollen du pied de vigne voisin, apportés par le vent ou un insecte; on parle alors de fécondation croisée. Dans l'un et l'autre cas, la fécondation va entraîner la formation d'une grappe de raisins. S'il n'est pas cueilli, le fruit tombe sur le sol; chaque pépin qui arrive à germer donne naissance à un cep de vigne dont le génotype, combinaison des gènes parentaux, est le support des variations phénotypiques et responsable d'une ségrégation des traits de caractère. Cette reproduction sexuée, propre à la reproduction par semis, est à l'origine de nouveaux cépages. Illustrons notre propos par trois exemples.

Le pinotage est un cépage typique du vignoble sud-africain. Ce croisement a été réalisé en 1925 par le botaniste Izak Perold au centre de recherche et d'œnologie de Stellenbosch, en Afrique du Sud. Il est issu de la fécondation croisée entre le pinot noir et l'hermitage, lequel est aussi appelé «cinsault».

Le cabernet sauvignon est le fruit d'une reproduction croisée entre le cabernet franc et le sauvignon.

Enfin, certains cépages hybrides sont issus d'une reproduction croisée entre une vigne européenne et une vigne nord-américaine. Interdits en Europe depuis 1971, ces hybrides sont toujours autorisés dans d'autres parties du monde, notamment en Amérique du Nord.

Citons le raisin concorde et deux cépages hybrides très populaires dans la province de Québec en raison de leur robustesse: le maréchal foch et le seyval blanc.

La reproduction asexuée, aussi appelée «reproduction végétative», était quant à elle déjà connue des Romains; elle faisait appel, jusque encore récemment, au bouturage ou au marcottage, aussi appelé «provignage», et à la greffe. À l'heure actuelle, on fait pousser des plantules à partir d'explants de la vigne mère qu'on cultive *in vitro* dans un milieu de culture spécifique. Cette technologie a été mise au point dans les années 1960 pour des raisons génétiques et sanitaires (assainissement des viroses).

La multiplication végétative, contrairement à la reproduction sexuée, permet à coup sûr d'obtenir une descendance en tous points identique à la plante mère. Cette méthode est utilisée pour produire des clones d'un cépage particulier. Les plants de vigne ainsi obtenus sont génétiquement identiques et ont des particularités agronomiques bien définies, par exemple: propriétés organoleptiques du raisin, résistance aux infections et à la sécheresse, précocité et rendement de la vendange. Cette utilisation de la reproduction végétative dans le but d'augmenter les performances du vignoble a conduit à la certification de plusieurs clones. La première certification, en Allemagne, date de 1896.

Tout comme chez l'homme, c'est l'acide désoxyribonucléique, l'ADN des chromosomes, qui est le support de l'information génétique, du génotype particulier à la vigne, des caractères morphologiques et organoleptiques du raisin, bref, de ses caractéristiques: son phénotype, en un mot. Ces chromosomes sont au nombre de 38. Pour rafraîchir ou mettre à jour vos connaissances relatives à la double hélice de F. Crick et J. D. Watson, je vous suggère, chers amis œnophiles, de consulter les travaux consacrés à ce sujet.

Des chercheurs étudient des séquences courtes et répétitives d'acides nucléiques appelées «marqueurs microsatellites» à l'intérieur du génome de *Vitis vinifera*. Depuis peu, d'autres s'intéressent au polymorphisme nucléotidique, ou polymorphisme d'un seul nucléo-tide — *single-nucleotide polymorphism* (SNP) —, à l'intérieur du génome de *Vitis vinifera vinifera* et de *Vitis vinifera sylvestris*.

Ces marqueurs sont transmis d'une génération à l'autre selon un mode mendélien codominant au cours de la reproduction sexuée. Leur étude contribue de façon significative à la compréhension scientifique de la nature des cépages, de leurs origines et de leurs liens de parenté.

C'est en 1983 que les chercheurs ont commencé à prêter une attention particulière aux nombreuses séquences microsatellites de l'ADN de *Vitis vinifera vinifera* et à les caractériser. À l'heure actuelle, plus de 300 de ces marqueurs ont été identifiés pour différents cépages.

Cette approche expérimentale a permis de confirmer ou d'infir-mer l'identité de divers cépages qui ne portent pas le même nom. C'est le cas par exemple du moscatel de Setubal, cépage portugais, qui est identique au muscat d'Alexandrie et au moscato alexandria. D'autres chercheurs ont aussi montré que le zinfandel nord-américain est identique au primitivo italien.

L'analyse et la comparaison des séquences microsatellites d'ADN isolé à partir de divers tissus (feuilles, grains de raisin ou pépins) permettent également d'identifier les ancêtres d'un cépage; autre-ment dit, d'établir son arbre généalogique. On a pu ainsi établir que le sauvignon blanc, et non le cabernet franc, est l'ancêtre du cabernet sauvignon, le cépage qui porte «le raisin sans défaut», comme le disait Charles-Louis de Secondat, baron de La Brède et de Montesquieu, au XVIIIe siècle.

La découverte la plus surprenante qu'ont permise l'analyse et la comparaison des séquences microsatellites est la vraie origine d'un cépage noble, le chardonnay, qui produit les grands vins blancs de Meursault et de Montrachet. En fait, ce cépage n'est pas si noble que cela, puisque cette analyse a révélé au grand jour un secret de famille. Le chardonnay est en fait le fruit d'une mésalliance entre le pinot noir, autre cépage noble, bourguignon de surcroît, et un cépage roturier: le gouais blanc. Le gouais aussi appelé «heunisch weiss» ou «bouilleaud» est un cépage médiocre d'origine croate qui a pratiquement disparu en France, importé en Gaule par l'empereur Probus dont nous avons déjà parlé. D'autres mésalliances du gouais ont été prolifiques et semblent avoir donné d'autres bâtards, puisque, outre le chardonnay, on lui attribue au moins 15 autres cépages du nord-est de la France aussi différents que le gamay, l'aligoté, l'auxerrois et le melon. D'autres chercheurs ont montré que le gouais aurait eu également deux enfants avec le traminer du Jura (le savagnin qui donne le fameux vin jaune) et trois autres avec le chenin blanc de Loire.

Un dernier exemple: la syrah, ce cépage qui donne des vins de renom comme la côte-rôtie et le saint-joseph. Eh bien, aux dernières nouvelles, elle descendrait de la dureza d'Ardèche et de la mondeuse blanche de Savoie.

Ces trois exemples, même s'ils sont représentatifs, ne sont cependant pas exhaustifs.

Le polymorphisme d'un seul nucléotide est une source importante de variation génétique et expliquerait la biodiversité, du moins en partie.

Récemment, l'étude de 9000 SNP a été effectuée sur 950 échantillons d'ADN issus de différents cépages de *Vitis vinifera vinifera* et sur 59 échantillons provenant de *Vitis vinifera sylvestris*, ces échantillons qui font partie de la collection de plasmas germinatifs du Département de l'agriculture américain. Cette analyse a permis d'étendre les résultats obtenus par la comparaison des séquences microsatellites en établissant les liens de parenté qui unissent, entre autres, 52 des cépages les plus connus. À titre d'exemple, on a ainsi constaté que le seul traminer a des liens de parenté avec au moins 13 autres cépages tels que le petit manseng, le trousseau ou encore le chenin blanc.

L'analyse génomique peut être aussi utilisée en paléobotanique. En effet, l'étude des SNP de l'ADN de pépins retrouvés dans différents sites archéologiques devrait permettre de déterminer s'il y a filiation entre des cépages vieux de plusieurs millénaires et ceux que l'on connaît à l'heure actuelle.

LES MUTATIONS SOMATIQUES. ◆ Même si les clones d'un cépage sont identiques, certains peuvent présenter des différences au point de vue tant génotypique que phénotypique. Ces différences peuvent résulter de modifications épigénétiques dues à l'environnement ou à un facteur pathologique et viral, par exemple. Ces mutations spontanées au cours du développement de la vigne constituent le facteur principal de variabilité intra-clonale.

Ces mutations somatiques peuvent, après la multiplication végétative, affecter une partie du cep, donnant ainsi un nouveau clone qui se différencie des autres clones d'un même cépage par un trait bien précis. Comparaison n'est pas raison, je le sais, mais le petit nouveau est un peu comme le mouton noir au milieu du troupeau de moutons blancs! C'est ce type de mutation qui est à l'origine de particularités comme l'hermaphrodisme de *Vitis vinifera vinifera* ou l'absence de pépins dans certains raisins de table.

Ces mutations permettent aussi d'expliquer pourquoi il existe, pour un même cépage (pinot, cabernet, grenache), des clones dont le raisin est blanc et d'autres dont le raisin est noir : il s'agit d'une mutation dans le promoteur du gène responsable de la synthèse des anthocyanes, qui empêche la synthèse de ces pigments dans le raisin blanc.

D'autres mutations influent sur les caractéristiques aromatiques de la baie et donc du vin issu de deux clones tel le chardonnay : arôme de muscat dû à la production de linalol pour l'un, mutation supprimant cette synthèse pour l'autre. La sensibilité aux maladies virales peut aussi être un facteur de variation clonale ; c'est notamment le cas de la syrah.

Dans l'étude des chercheurs américains dont nous avons parlé précédemment, l'analyse des SNP des 950 échantillons d'ADN issus de *Vitis vinifera vinifera* a montré que 58% des cépages répertoriés étaient en fait des clones d'au moins un autre cépage.

Une vigne transgénique?

L'analyse de la séquence du génome de la vigne, effectuée sur un clone de pinot noir, a permis d'identifier plus de 150 gènes codant pour des enzymes impliquées dans la synthèse de molécules responsables des propriétés organoleptiques du vin. Ces travaux de recherche visaient également à identifier certains gènes de résistance aux infections virales et microbiennes. Cependant, ils ont ouvert, par la même occasion, la boîte de Pandore: le développement de vignes transgéniques. Mais pourquoi ces vignes transgéniques?

En fonction du transgène, c'est-à-dire du gène introduit par la main de l'homme et non plus par celle de Dieu dans le génome de la vigne, cette manipulation permettrait d'atteindre, du moins en théorie, plusieurs objectifs différents: amélioration des performances d'un vignoble face aux facteurs abiotiques (réchauffement planétaire, sécheresse), ainsi qu'aux maladies virales ou bactériennes connues et à venir. La modification génétique des vignes viserait aussi, ne l'oublions pas, à obtenir un raisin et un vin dont les propriétés organoleptiques seraient conformes au goût du plus grand nombre de consommateurs.

Poursuivant l'un ou plusieurs de ces objectifs, on fait des essais de culture de vignes transgéniques depuis une dizaine d'années, dans différents pays. Mais attention, il y a loin de la coupe aux lèvres...

Tout cela est bien beau en théorie, me direz-vous, mais d'un point de vue pratique qu'est-ce que cela va nous apporter à nous, les amateurs de bon vin?

En résumé, ces études scientifiques nous permettent d'être plus instruits, moins crédules et nous rassurent sur la qualité et la nature du vin que nous dégustons.

En effet, les travaux de recherche consacrés à la caractérisation des cépages devraient garantir une traçabilité du vin depuis le vignoble jusqu'à notre verre, et ce, en comparant les séquences microsatellites et, mieux encore, les SNP de l'ADN présent aux différentes étapes de la vinification. En d'autres termes, ils devraient permettre de vérifier si le ou les cépages utilisés pour élaborer le contenu du flacon correspondent bien à ce qui est indiqué sur l'étiquette.

De plus, ce type d'analyse génétique devrait assurer un meilleur contrôle de la qualité du vin que nous dégustons: authenticité d'un assemblage, détection d'une fraude. Enfin, cette approche méthodologique permettra aussi de vérifier si le vinaigre balsamique ou de xérès que vous venez de payer bien cher n'est pas tout simplement de l'acide acétique coloré au caramel.

LE TRAVAIL DE L'HOMME

Je ne connais de sérieux ici-bas que la culture de la vigne.

Voltaire

La culture de la vigne et l'élaboration du vin sont des activités exigeantes et comportant de gros risques sur le plan financier. Pour faciliter la culture de la vigne tout au long de son cycle végétatif, pour mener à bien la vinification et éventuellement la corriger, le viticulteur moderne peut bénéficier d'apports scientifiques importants. Il peut utiliser des pesticides, des levures commerciales, mais aussi divers produits chimiques et processus physicochimiques pour empêcher que le vin ne tourne au vinaigre.

Ces différentes substances et méthodes ne sont pas mentionnées sur l'étiquette, ce qui peut nous laisser croire que le contenu du flacon que nous dégustons est entièrement naturel. De plus, certains procédés peuvent être à l'origine de graves problèmes de santé. Dès lors, pourquoi ne pas en être informé?

La culture de la vigne

Dans le livre XIV de son *Histoire naturelle*, Pline l'Ancien observe avec beaucoup de sagesse: «Pour peu qu'on y réfléchisse, on reconnaîtra que l'homme ne met à rien autant d'industrie qu'à la fabrication du vin.» Columelle, quant à lui, renchérit: «[...] toute espèce de terre, et surtout les vignobles, ne peut bien produire, si elle n'est travaillée avec un grand soin et par un homme habile. [Ainsi, elle] récompense largement des soins qu'elle a coûtés. [...] Dans toute espèce de dépenses [...], l'homme déploie en général plus d'énergie pour entreprendre une opération que pour en suivre le perfectionnement.»

C'est précisément Columelle qui, le premier, a compilé et complété les travaux de ses prédécesseurs, entre autres ceux du Grec Théophraste, dont nous avons déjà parlé, et ceux de Magon le Carthaginois, dont les écrits ont été perdus. Dans l'*Économie rurale*, il décrit les bonnes pratiques et les mille soins dont il faut entourer la vigne.

Columelle insiste sur la nécessité de choisir un bon terrain pour planter les marcottes. Plus tard, les moines cisterciens goûteront la terre du vignoble bourguignon avant d'y planter du chardonnay ou du pinot noir. Depuis longtemps, les viticulteurs portugais plantent le listan dont est issu le xérès sur un sol de couleur blanche. Aujourd'hui, la géologie et l'analyse chimique du sol montrent que ce terroir est en fait un mélange équilibré de kaolin et de chaux.

L'agronome romain parle aussi du moment le plus propice à l'épamprement, soit la taille douloureuse que fait le vigneron dans le but de rappeler à la sauvageonne qu'elle doit concentrer son énergie pour produire des fruits et non des feuilles. Il faut absolument, dit-il en outre, «serfouir tous les mois [!] et veiller à ce qu'il ne pousse pas d'herbes» qui entrent en compétition avec la vigne pour absorber les nutriments du sol. Il décrit également les cépages de son époque et leur mode de culture en complantation, depuis longtemps oubliée.

Ces traités antiques pourraient être considérés comme des textes fondateurs de la viticulture dite biologique. En effet, Pline ne parle-t-il pas d'un vin grec, le *bios*, c'est-à-dire «la vie», utilisé dans le traitement de différentes maladies?

Plus près de nous, le père de l'agronomie moderne, Olivier de Serres, consacre une partie de son *Théatre d'agriculture et mesnage des champs* aux bonnes pratiques de la viticulture. En ce début du XVIIᵉ siècle, il fait même appel à la cosmologie lorsqu'il écrit: «Le point de la lune pour la taille de la vigne accrue et étant en port, sera une année dans le croissant, et l'autre dans le décours, afin de la maintenir en bon état à cause des différentes propriétés observées en cette planète.»

S'agirait-il là d'une source d'inspiration pour le fondateur de la culture biodynamique?

Vous pourriez me dire que bien du vin a coulé dans les gosiers depuis ces citations, dont certaines sont vieilles de près de deux mille ans. Vous auriez raison. Le vignoble européen a survécu à l'épidémie de phylloxéra. À la même époque, les travaux de Louis Pasteur consacrés à la stéréochimie des tartrates ouvrent la voie à la vinification scientifique. Les avancées réalisées dans différents domaines scientifiques ont profité largement à la culture de la vigne et à l'élaboration du vin. Ainsi, une compréhension de la régulation hormonale du cycle végétatif de la vigne est de première importance pour appréhender les conséquences associées au réchauffement planétaire.

Il nous est impossible d'aborder ce vaste éventail de connaissances dans le cadre de ce livre; plus simplement nous limiterons notre propos aux coups de pouce dont peut parfois bénéficier la nature. Pas nécessairement pour le meilleur? C'est ce que nous allons voir.

La chimie et la viticulture

La chimie a contribué de façon significative à sécuriser, de différentes façons, la culture de la vigne. Cet apport est particulièrement important dans deux domaines principaux, tous deux destinés à lutter contre les caprices de la nature, pour mieux encadrer les rendements de production. Le premier de ces apports consiste en l'utilisation de fertilisants de synthèse; le second est le développement d'armes magiques: les pesticides. Mais, au fait, qu'est-ce qu'un pesticide?

Les pesticides

Ce vocable regroupe un ensemble de molécules destinées à détruire, à tuer (du latin «*cædere*») la peste, c'est-à-dire tout ce qui est nuisible, tout ce qui entre ou est susceptible d'entrer en compétition avec notre nourriture: les insectes (insecticides), les rongeurs (rodenticides), les plantes (herbicides) et les champignons (fongicides) et, pourquoi pas, les oiseaux, ou plus simplement tout ce qui nous est étranger.

Ainsi, on compte près d'une vingtaine d'agents pathogènes susceptibles de nuire à la santé de la vigne et donc de mettre la vendange en péril. Bien sûr, leur pouvoir destructeur dépend du cépage, de la nature du vignoble et des conditions climatiques. Parmi ces pestes, les plus importantes sont le mildiou poudreux, aussi appelé « oïdium » et dû au champignon *Erysiphe necator*, et le mildiou duveteux, qui est causé par le *Plasmopara viticola*, tous deux importés en Europe au XIXᵉ siècle, à la même époque que *Daktulosphaira vitifoliæ*, responsable du phylloxéra. *Botrytis cinerea* est un autre champignon qui, pour sa part, est capable du pire comme du meilleur: la pourriture grise, mais aussi la pourriture noble.

Les pesticides sont aussi désignés par un euphémisme: produits phytosanitaires ou mieux encore phytopharmaceutiques, car ils sont synthétisés et commercialisés par ces mêmes compagnies qui fabriquent les médicaments comme les antibiotiques, des substances bactéricides justement, et ce dans le seul souci de préserver notre santé. À ce point de notre exposé, un parallèle s'impose entre pesticides et bactéricides. Même si ces deux classes de molécules ont rendu et rendent encore de grands services à l'humanité, leur utilisation peut avoir des effets collatéraux, comme on dit dans un autre type de guerre parfois accompagnée d'un démocide ou d'un génocide.

Par ailleurs, leur utilisation intempestive, due à un manque d'informations objectives, entraîne des phénomènes de résistance du microorganisme cible. Enfin, il est clair maintenant que les pesticides constituent des agents polluants de première importance.

La nature des pesticides

Il faut distinguer deux types de pesticides: les pesticides dits naturels d'origine minérale ou végétale et les produits issus de la synthèse chimique, un peu comme les antibiotiques qui, à l'origine, ont été extraits de cultures microbiennes (pensez à la pénicilline, par exemple).

Déjà mentionné par Homère, le plus ancien des pesticides de nature minérale est vraisemblablement le soufre dont l'usage remonte à la Grèce antique. On l'utilise encore aujourd'hui pour traiter l'oïdium. Pline, quant à lui, suggère le recours à l'arsenic comme insecticide. Au Moyen Âge, on utilisait des plantes toxiques telles que les solanacées pour empoisonner les rongeurs. Il n'y a pas si longtemps, pour éloigner les mites, nos mères glissaient encore du tabac, une solanacée, dans les poches des vêtements qu'elles rangeaient pour l'hiver.

Depuis le xixe siècle, les viticulteurs font grand usage de sels de cuivre pour traiter des affections fongiques de la vigne, comme le mildiou duveteux.

Parmi les pesticides d'origine naturelle, il faut aussi citer la nicotine, la roténone et les pyréthrines. La nicotine est l'alcaloïde bien connu de la plante de M. Nicot. La roténone est une molécule organique produite par certaines plantes tropicales. Même si la toxicité de la roténone est reconnue, son origine végétale en fait un pesticide autorisé dans la viticulture biologique! Les pyréthrines quant à elles résultent d'une modification chimique de molécules naturelles extraites des fleurs de *Chrysanthemum cinerariœfolium*.

Certains auteurs affirment que c'est la mise au point d'armes chimiques pendant la Première Guerre mondiale qui a donné le coup d'envoi à la fabrication de pesticides chimiques. Cependant, la synthèse du premier insecticide, le dinitro-o-crésol, remonte au xixe siècle.

Même si ses propriétés insecticides n'ont été démontrées qu'en 1939, le 1,1,1-trichloro-2,2-bis(p-chlorophényl)éthane, mieux connu sous l'abréviation DDT, a été synthétisé en 1874. Commercialisé en 1943, il ouvre la porte à la famille des dérivés organochlorés. Le DDT domine le marché jusqu'en 1970.

En 1944 est publiée la synthèse d'un herbicide: l'acide 2,4-dichlorophénoxyacétique (2,4-D). Il est encore utilisé de nos jours.

Les dérivés organophosphorés sont issus de la recherche sur les gaz de combat; ils sont commercialisés dès la fin de la Seconde Guerre mondiale. Les plus connus sont vraisemblablement le malathion et le parathion.

Depuis les années 1950, plus de 1000 molécules douées de propriétés pesticides ont été développées. Elles entrent dans la composition de milliers de formulations. La classification de ces molécules en fonction de leur structure est complexe et fait l'objet d'ouvrages spécialisés.

Le commerce des pesticides

Le commerce des pesticides est une activité très rentable pour l'industrie pharmaceutique, puisqu'il lui rapporte plusieurs dizaines de milliards de dollars par an. Cela s'explique par l'importance de leur utilisation qui, selon certains auteurs, a augmenté de plus de 50 fois depuis 1950, mais aussi par le nombre de principes actifs utilisés, seuls ou mélangés, dans différentes formulations.

En 2001, plus de un million de tonnes de pesticides ont été déversées sur notre planète. Parmi ceux-ci, ce sont les insecticides qui sont les plus utilisés; viennent ensuite les fongicides et les herbicides.

On estime que la viticulture européenne consomme environ 15% des pesticides de synthèse, pour une superficie qui ne représente qu'environ 3% de l'ensemble de la surface cultivée. Ainsi, la vigne recevrait en moyenne une quantité totale de 21,4 kg de pesticides par hectare. Même si le soufre est le plus utilisé et qu'il est relativement peu dangereux, l'utilisation annuelle moyenne de fongicides de synthèse serait d'environ 4,7 kg par hectare de vignoble.

On assisterait cependant à une stabilisation de la quantité de pesticides utilisés annuellement, pour deux raisons principales: la synthèse de molécules plus puissantes, d'une part, et le développement de la viticulture biologique et biodynamique, d'autre part.

Même s'ils aident à maîtriser nombre de maladies du règne végétal, les pesticides sont au sommet de la pyramide des polluants dangereux. Différentes agences nationales et internationales ont donc la responsabilité de contrôler la commercialisation et l'emploi des pesticides. Certaines ont défini des limites maximales de résidus (LMR) pour un nombre déterminé d'entre eux.

En France, la Direction générale de l'alimentation (DGAL), en collaboration avec l'Institut national de recherche agronomique (INRA), a publié en 2005 les résultats de son plan de surveillance des résidus en viticulture pour la période 1990-2003. Cette étude porte sur 13 régions viticoles françaises et donne les résultats obtenus par l'analyse de 1316 échantillons de raisins. Les auteurs de ce rapport observent que pas moins de 57 pesticides différents ont pu être détectés pendant cette période, avec une utilisation temporelle et géographique variable. À titre d'exemple, 15 fongicides (hormis le sulfate de cuivre) étaient utilisés pour combattre le mildiou duveteux, 8 pour l'oïdium et 10 pour *Botrytis cinerea*.

Dans leur rapport, les Drs J.-P. Cugier et S. Bruchet observent cependant que, sur un total de 2298 résultats positifs, les LMR fixées par les Communautés européennes étaient respectées dans 99,7% des cas.

Mode d'action des pesticides

Une question vient directement à l'esprit: comment ces molécules exercent-elles leur toxicité sur les différentes formes de peste?

Comme sa mission première est de tuer, un pesticide doit être efficace et, donc, causer une lésion rapide et irréversible d'un processus vital qui amène infailliblement la mort de sa cible. Un pesticide, toutefois, peut avoir plusieurs cibles différentes s'il manque de spécificité, mais aussi et surtout s'il est utilisé de façon irresponsable ou, pire encore, en toute ignorance, à forte dose. Pour plus de clarté, illustrons notre propos par des exemples.

Le mode d'action le plus commun des insecticides, en particulier celui des organophosphorés et des carbamates de méthyle, est l'interruption de la transmission de l'influx nerveux du cerveau vers la périphérie par différents mécanismes toxiques au niveau neuronal.

D'autres insecticides, comme la roténone, exercent leur toxicité sur le système respiratoire. En résumé et en moins de temps qu'il n'en faut pour le dire, l'insecte tombe raide mort.

Les fongicides bloquent la chaîne respiratoire et inhibent la synthèse de molécules comme l'ergostérol nécessaires au développement et à la reproduction du champignon.

Un herbicide efficace, quant à lui, inhibe de façon rapide et irréversible la photosynthèse, ce mécanisme spécifique aux plantes qui transforme l'énergie lumineuse en énergie chimique pour synthétiser les molécules indispensables à la vie comme la chlorophylle. La conséquence attendue: l'herbe jaunit et finit par faner.

À côté de ces mécanismes connus, il en existe bien d'autres inconnus, non seulement de la compagnie pharmaceutique qui a développé et commercialisé ces molécules, mais plus encore de l'utilisateur.

De plus, différents problèmes non mentionnés sur l'étiquette sont liés à l'utilisation irresponsable et immodérée de ces pesticides. À la longue, comme les bactéries pour les antibiotiques, les insectes et les champignons développent une résistance à certains pesticides, insecticides et fongicides. Cela implique une augmentation de la dose utilisée ou le recours à d'autres molécules plus puissantes et pas nécessairement plus sélectives.

Une question mérite réflexion. L'effet recherché par le vigneron se limite-t-il uniquement à la cible visée, ou ces produits toxiques menacent-ils aussi les plantes voisines, la flore du sol ou d'autres organismes vivants? Par exemple, les coccinelles qui se nourrissent des larves de pucerons, les oiseaux, les animaux sauvages et domestiques sont-ils épargnés? Et en fin de course, l'aspergeur devient-il aspergé?

Pourquoi poser ces questions? Tout simplement parce que les mécanismes physiologiques visés par les bien nommés produits phytopharmaceutiques sont aussi partagés par les autres membres du règne microbiologique, végétal et animal.

C'est à ces questions que nous allons tenter de répondre maintenant de façon objective en prenant des exemples pertinents dans la
littérature scientifique.

Effets des pesticides sur l'environnement

Selon certains auteurs, plus de 90% des pesticides utilisés n'atteignent
pas leur cible et vont donc se disperser dans l'environnement, l'eau
de surface et finalement le sol, où, aidés par l'érosion, ils finiront par
contaminer les cours d'eau et la nappe phréatique. Ici encore, une
comparaison s'impose entre les pesticides et les médicaments comme
les antibiotiques, les contraceptifs oraux ou les antidépresseurs qui
polluent nos lacs, nos rivières et l'eau de nos robinets.

Parmi la panoplie des armes chimiques utilisées, quelle est la
coupable? Très difficile à dire, car on ne peut montrer du doigt une
molécule particulière, étant donné le nombre de molécules existantes,
le nombre plus élevé encore de préparations dont elles font partie et
le peu d'études sérieuses qui leur ont été consacrées. Cependant, la
contamination de certains sols et leur dégradation biologique et biochimique par les pesticides sont telles qu'ils sont devenus impropres
à la culture de la vigne, exigeant l'abandon du vignoble.

D'une manière générale, l'accumulation de pesticide et donc la
pollution d'un sol dépendent de plusieurs facteurs: la quantité de
pesticide recommandée mais aussi celle qui est réellement pulvéri-
sée — c'est bien connu, plus on en met, plus ça marche —, le nombre
d'arrosages, les propriétés physicochimiques de la molécule, sa
stabilité et son éventuelle dégradation par différents mécanismes
biochimiques ou chimiques. Et bien sûr, ne l'oublions pas, le niveau
d'instruction et de conscience professionnelle de l'arroseur et de son
chef. En d'autres termes, l'arroseur a-t-il été informé, instruit de la
nature et des conséquences de son geste? Pas sûr.

Pour illustrer notre propos, prenons l'exemple du cuivre, un des
fongicides les plus anciens, les plus utilisés sous forme de sulfate

mélangé avec de la chaux dans la bouillie bordelaise, mais aussi sous d'autres formes chimiques pour lutter contre le mildiou.

La nature atomique et non moléculaire de ce fongicide fait que son comportement dans le sol a été le plus étudié. Notons aussi que c'est en région humide que se développe le plus le mildiou. C'est le cas en particulier de la Champagne où on utilise la bouillie bordelaise à raison de 3 à 5 kg par hectare avec 3 à 10 applications par an.

Le sel de cuivre appliqué en vaporisation sur les feuilles va être lavé par les eaux de pluie, et, avec elles, s'enfoncer lentement dans le sol. Le comportement du cuivre, comme celui des autres pesticides, dépend fortement des propriétés physicochimiques du sol dont son acidité. Ainsi, à pH acide, les ions cuivriques sont plus solubles dans l'eau qu'à pH alcalin. Par conséquent, dans un sol acide, l'eau de ruissellement va dissoudre les ions cuivriques et les entraîner vers les cours d'eau. En milieu alcalin par contre, notamment en sol calcaire comme celui du vignoble champenois, l'oxyde et le carbonate de cuivre précipitent ou sont complexés à la matière organique du sol, comme l'humus, par opposition à la matière minérale, absorbés par les microparticules du sol, phénomènes responsables de son accumulation. Ces différents facteurs, outre les doses de cuivre vaporisées, expliquent pourquoi des concentrations égales ou supérieures à 1000 mg par kilogramme de sol ont été observées dans certains vignobles européens, mais aussi dans ceux du Nouveau Monde. Notons par ailleurs que de telles concentrations ne sont pas spécifiques à la culture de la vigne; on les retrouve également dans certains vergers et pour d'autres fruits que le raisin.

La concentration de cuivre dans le sol varie aussi avec la profondeur, ce qui détermine son action sur la microflore. Plus le vignoble est âgé, plus la quantité de cuivre immobilisé est importante, exerçant sa toxicité sur les microorganismes qui assurent la vie du sol et procurent des nutriments à la vigne. Certains chercheurs ont rapporté qu'une concentration de cuivre égale à 50 mg par kilogramme de sol est toxique pour les organismes invertébrés du sol, comme les vers de terre; une concentration quatre fois plus élevée est mortelle pour ces laboureurs naturels dont le nombre reflète l'état de santé de la terre. Il est donc aisé d'imaginer l'ampleur des dégâts causés par des concentrations 20 fois supérieures !

Le cuivre affecte également la flore microbienne du sol non seulement en la modifiant quantitativement et qualitativement, mais aussi en agissant sur le métabolisme ou la reproduction des microorganismes, par exemple. Cela n'a rien d'étonnant, puisque le cuivre est un agent antimicrobien efficace, pour preuve les tuyaux en cuivre utilisés pour les conduites d'eau potable.

Les pesticides dans le vin

Dans une étude paneuropéenne récente menée par divers organismes officiels et environnementaux, les concentrations de différents pesticides ont été mesurées dans 40 bouteilles de vin rouge. Celles-ci provenaient de plusieurs pays européens (Allemagne, Autriche, France, Italie, Portugal), de l'Afrique du Sud, de l'Australie et du Chili. Trente-quatre bouteilles étaient issues de la viticulture conventionnelle; six de la viticulture biologique.

Aucun pesticide n'a pu être détecté dans les vins issus de la culture biologique. Tous les vins issus de la viticulture conventionnelle par contre contenaient en moyenne entre 4 et 10 pesticides. Dans aucun cas, la concentration de pesticide dosé ne dépassait la LMR imposée pour le raisin, des valeurs de LMR n'existant pas pour le vin au moment de cette étude. Les auteurs ont conclu que la nature et la concentration des pesticides détectés témoignent d'une utilisation, dans l'élaboration du vin, de produits cancérigènes, toxiques pour le système nerveux, le développement, la reproduction et responsables de perturbations endocriniennes.

Ces résultats sont à mettre en parallèle avec ceux de deux autres études publiées en 2005, l'une en Suisse, l'autre en France. Les chercheurs de l'INRA ont observé que, parmi les pesticides dosés dans le raisin, 14 molécules se retrouvaient toujours dans le vin, dont le cuivre (1 atome) bien sûr, mais aussi d'autres agents fongicides.

Les pesticides et notre santé

On distingue deux types de toxicité, l'une aiguë, l'autre chronique. La toxicité aiguë est bien connue des fabricants de pesticides. C'est d'elle qu'il est question sur le feuillet d'utilisation et elle varie en fonction du type de pesticide. Conscients et prévoyants, ces fabricants! À titre d'exemple, au Japon, certaines préparations d'herbicide à base de paraquat sont de couleur bleue. Pourquoi? Ces cocktails renferment aussi un vomitif, autant agir rapidement.

Il ne faut pas sous-estimer cependant cette toxicité aiguë; chaque année elle causerait plus de 200 000 morts. Rien d'étonnant, puisque les cibles visées chez les insectes, en particulier la transmission nerveuse, sont aussi touchées chez l'homme.

La toxicité chronique, plus sournoise, plus difficile à cerner, n'est pas évoquée sur l'étiquette. Néanmoins, il s'agit bien là d'un problème de santé publique important; en effet, des études épidémiologiques et expérimentales lui sont consacrées. Ce sont les résultats de ces deux types d'approche scientifique que je voudrais tenter de synthétiser pour vous, pour votre santé, chers amis du bon vin.

UN CAS DE FIGURE : LE DDT. ◆ Le DDT a rendu un grand service à l'humanité en limitant le moustique vecteur de la malaria. Toutefois, il a été banni de la plupart des pays industrialisés, alors qu'on l'utilise encore dans d'autres.

La mise en évidence de la toxicité du DDT est une longue histoire. Tout commence en 1945, par une étude publiée dans le *British Medical Journal* qui concluait qu'il n'y avait pas de raison de craindre un danger pour la santé humaine lorsque le DDT était utilisé à concentration insecticide.

C'est à partir de 1967 cependant que le vent commence à tourner. Dès cette époque, les chercheurs montrent une relation entre la concentration de DDT mesurée dans le sang et dans le tissu gras avec la présence d'un cancer. Depuis, une exposition chronique au DDT a été associée à de nombreux types de cancers (leucémie, pancréas, foie, prostate) ainsi qu'à une incidence accrue du diabète. C'est le cas des travailleurs agricoles et en particulier ceux de la vigne. D'autres signes d'une toxicité chronique ont également été rapportés chez ces mêmes personnes, par exemple un effet négatif sur la fertilité et une détérioration des capacités cognitives.

Mais, me direz-vous, on en a fini avec cette arme chimique de destruction massive; tout cela est histoire du passé. Oh que nenni! En effet, outre le fait que certains pays n'ont pas adhéré à la Convention de Stockholm bannissant son utilisation, signée en 2001 et ratifiée en 2008 par 160 pays, le DDT est une molécule chimiquement très stable, et sa demi-vie dans l'environnement dure de six à dix ans. Ces propriétés expliquent sa persistance dans la chaîne alimentaire dont nous sommes le point final, la poubelle en quelque sorte, nous pauvres humains.

TOXICITÉ D'UN PESTICIDE NATUREL : LE CUIVRE. ◆ Bien qu'il soit nécessaire pour notre santé, le cuivre est toxique à partir de certaines concentrations. Une partie du cuivre ingéré est absorbé au niveau intestinal, passe dans le sang et gagne le foie. Ainsi, des normes de concentrations maximales dans l'eau de boisson ont été fixées par plusieurs agences sanitaires officielles.

Une incidence accrue de tumeurs du foie et du poumon a été mise en évidence chez les travailleurs de la vigne lors d'études de population menées dans différentes régions viticoles. Ces mêmes études ont montré un possible lien avec des affections dégénératives du système nerveux (maladies d'Alzheimer et de Parkinson).

LA NEUROTOXICITÉ DES PESTICIDES. ◆ L'exposition chronique à certains pesticides peut déclencher ou accélérer le développement de la maladie de Parkinson. Quels en sont les responsables? Il semblerait que les molécules impliquées soient celles qui ont la persistance la plus longue dans l'environnement et le corps humain. Parmi les molécules les plus actives, on trouve la roténone (un insecticide naturel), le paraquat (un herbicide) et le maneb (un fongicide à base de manganèse). C'est donc leur contact et leur accumulation au cours d'une exposition chronique qui seraient responsables du déclenchement ou de l'accélération de cette maladie dégénérative.

Les trois molécules incriminées exercent, par des mécanismes différents, un effet toxique sur les fibres dopaminergiques dont le déficit est caractéristique de la maladie de Parkinson. Administrés de façon chronique à un rat de laboratoire, ces trois pesticides reproduisent les anomalies du mouvement propres à cette maladie. De plus, chez ces mêmes animaux, une relation a pu être établie entre la gravité des symptômes et l'étendue des lésions au niveau cérébral. Enfin, les trois pesticides ont un effet additif lorsqu'ils sont administrés simultanément au même animal. Plusieurs auteurs soulignent cependant la difficulté de telles études. En effet, certains animaux meurent avant de développer la symptomatologie caractéristique de la maladie de Parkinson. La cause: une toxicité de ces pesticides à d'autres niveaux que le cerveau.

Tout récemment, le Pr Isabelle Baldi et ses collaborateurs ont publié les résultats de leur étude PHYTONER (PHYTO pour phytosanitaire, NER pour nerveux), menée auprès de travailleurs de la vigne dans le sud-ouest de la France. Ces chercheurs montrent que l'exposition chronique aux pesticides s'accompagne d'une diminution des fonctions cognitives, signe avant-coureur possible de différentes formes de démence, dont celle d'Alzheimer.

La maladie de Parkinson

La maladie de Parkinson est une maladie neurologique dégénérative caractérisée par des troubles du mouvement. Elle est causée par une perte des neurones dopaminergiques dans une partie du cerveau appelée «*substantia nigra pars compacta*». La maladie de Parkinson affecte progressivement d'autres systèmes de transmission nerveuse: les fibres adrénergiques et sérotoninergiques. L'atteinte de ces zones est responsable de symptômes non associés à la motricité. Au niveau cellulaire, il y a accumulation de corps de Lewy, c'est-à-dire des inclusions nucléaires renfermant des amas d'une protéine, l'alpha-synucléine. L'étiologie de la maladie de Parkinson reste encore partiellement inconnue. Cependant, on observe une augmentation exponentielle de la maladie entre 65 et 90 ans. Comme d'autres affections dégénératives, la maladie de Parkinson est une maladie multifactorielle alliant une prédisposition génétique à des facteurs métaboliques encore mal connus. Toutefois, il semble que plus de 90% des cas puissent être attribués à des facteurs environnementaux.

LES PESTICIDES ET LE CANCER. ◆ Les pesticides sont doués d'une toxicité directe ou indirecte au niveau du génome, déclenchant de la sorte le développement d'une tumeur.

Les premières études menées aux États-Unis dès les années 1960 montrent que l'incidence du cancer surtout de nature hématologique est plus élevée en milieu rural, au centre des États-Unis. Ces mêmes études mettent en évidence un lien entre l'utilisation du 2,4 D et des chlorophénols et certains cancers du système immunitaire. Une méta-analyse de 33 études épidémiologiques a montré un risque accru de 30% de développer une tumeur du cerveau chez les fermiers utilisant les pesticides.

Une étude épidémiologique réalisée dans la région de Bordeaux a aussi permis d'observer une incidence accrue de cancer du cerveau chez les ouvriers agricoles chargés de l'arrosage de pesticides contenant 80% d'herbicides.

Quelles solutions de rechange à l'utilisation des pesticides?

Confrontés aux problèmes d'environnement et de santé publique, certains vignerons se sont tournés vers d'autres modes de viticulture, biologique, biodynamique, raisonnée.

L'informatique s'est aussi mise au service du viticulteur en lui proposant des programmes de gestion intégrée du vignoble.

D'autres stratégies issues de la génétique moléculaire sont également étudiées. Le développement d'une vigne génétiquement modifiée a pour but, entre autres, de lui conférer une résistance contre un agent pathogène face auquel elle est naturellement démunie — elle n'est pas immunisée, si vous préférez. C'est le cas notamment du mildiou duveteux et du court-noué. De telles mises au point sont cependant complexes et longues. En effet, c'est bien beau de procurer à la vigne une résistance contre tel ou tel agent pathogène, encore faut-il que les gènes responsables d'autres propriétés n'en soient pas affectés, particulièrement les caractéristiques organoleptiques du raisin et du vin.

Je m'en voudrais de ne pas mentionner une alternative aux sels de cuivre pour combattre le mildiou: une solution savonneuse de bicarbonate de sodium. Il s'agit d'un remède simple et inoffensif pour l'environnement et notre santé, qui a été mis au point par les chercheurs de l'Université Cornell. Croyez-en l'expérience personnelle d'un disciple de saint Fiacre: c'est très efficace et peu coûteux.

La vinification

Le vin que nous aimons, celui que nous buvons, le produit final de la vinification n'est pas issu de la génération spontanée. Il est le fruit d'un terroir, du savoir-faire humain bien sûr, mais aussi de deux fermentations, alcoolique et malolactique. Deux phénomènes longtemps mystérieux que la microbiologie nous a permis de comprendre : la fermentation alcoolique et la fermentation malolactique.

La fermentation alcoolique consiste en la transformation du glucose (principal sucre du raisin avec le fructose) en alcool éthylique, selon le mécanisme réactionnel suivant :

$$C_6H_{12}O_6 + 2ADP + 2P \rightarrow 2C_2H_5OH + 2\,CO_2 + 2ATP$$

En théorie, 180 g de glucose donnent 92 g d'éthanol (51,1 %) et 88 g de CO_2 (48,9 %), mais, dans les faits, le rendement est plus faible en raison du métabolisme de la levure (1 %) et de la formation d'autres produits (4 %), par exemple le glycérol.

Cette réaction a d'abord été vue comme une simple réaction d'oxydoréduction, étudiée et caractérisée pour la première fois à la fin du XVIIIe siècle par Antoine Lavoisier, considéré comme le père, ou du moins l'un des pères, de la chimie moderne.

Cependant, Louis Pasteur écrit en 1871 : « Le dédoublement du sucre en alcool et en acide carbonique est un acte corrélatif d'un phénomène vital, d'une organisation de globules [...]. »

Les travaux de ce scientifique apportent donc la preuve expérimentale, hors de tout doute, que cette transformation n'est pas une simple réaction chimique, mais qu'elle est le résultat de *la vie sans l'air*; autrement dit, une fermentation par une levure, *Saccharomyces cerevisiæ* ou, si vous préférez, la levure de brasserie et de boulangerie. Celle-ci est responsable d'une réaction biochimique qui transforme une quantité d'énergie chimique contenue dans une molécule de glucose en deux molécules d'éthanol et une autre forme d'énergie (2ATP) directement utilisable par la cellule en l'absence d'oxygène avec un rendement énergétique plus faible toutefois que la respiration.

Il faut tout de même rendre à César ce qui lui appartient. Nous devons souligner que les travaux de Louis Pasteur s'appuient sur ceux d'illustres prédécesseurs. Citons, entre autres, Antoine van Leeuwenhoek, qui observe la levure au XVIIe siècle, ainsi que Charles Cagniard-Latour et Théodore Schwann, qui montrent plus tard que ces microorganismes sont vivants.

Les études de Pasteur ont été suivies d'autres recherches consacrées à la sélection de diverses souches de levures. Emil Christian Hansen de la brasserie Carlsberg, pour sa part, a été le premier à développer une culture pure à partir d'une seule cellule de *Saccharomyces cerevisiæ*.

On sait aujourd'hui que la fermentation du jus de raisin est un processus plus complexe qu'une simple transformation d'un sucre en éthanol. De plus, ce n'est pas une seule espèce mais bien différents genres levuriens qui interviennent successivement dans la fermentation alcoolique. Il existe aussi plusieurs variétés au sein d'une même espèce. Ces variétés ont pour origine des mutations comme celles décrites pour les divers cépages. Cette richesse variétale des levures naturelles n'a pas encore livré tous ses secrets, mais peut être considérée comme responsable, du moins en partie, de la typicité de certains vins de terroir.

Ces levures produisent l'éthanol et d'autres alcools en moindre quantité à partir des constituants du raisin. Les solvants servent à extraire et à solubiliser les molécules à l'origine de certaines propriétés organoleptiques du vin. Les levures synthétisent également des enzymes qui hydrolysent les précurseurs des arômes; elles produisent par ailleurs des molécules aromatiques et d'autres entités chimiques issues de leur métabolisme. En fait, la symbiose mais aussi la compétition entre ces différents microorganismes et leurs voies métaboliques multiples concourent à la complexité du milieu biologique qu'est le vin.

La fermentation malolactique a quant à elle été décrite simultanément par Louis Pasteur et Hermann Müller-Thurgau. Elle consiste en la réaction chimique suivante:

$$COOH\text{-}CHOH\text{-}CH_2\text{-}COOH \rightarrow COOH\text{-}CHOH\text{-}CH_3 + CO_2$$

Cette réaction s'accompagne d'une diminution de l'acidité du vin associée à la formation de CO_2.

La concentration d'acide malique dépend du cépage, mais aussi du climat: elle est plus élevée en climat froid (2-5 g par litre) qu'en climat chaud (inférieure à 2 g par litre). La diminution de l'acidité accompagnant la fermentation malolactique a d'abord été attribuée à la précipitation de l'acide tartrique. Louis Pasteur considérait que cette fermentation était due à une levure. On sait maintenant que, contrairement à ce qui se passe dans la fermentation alcoolique, c'est une bactérie, et non une levure, qui provoque la fermentation malolactique. L'identification de cette bactérie a été cependant tardive, un siècle après les travaux de Pasteur. En effet, c'est en 1967 que la microbiologiste Ellen Garvie a identifié *Leuconostoc œnos*, actuellement connue sous le nom de *Œnococcus œni*. Depuis, le génome de cette bactérie a été soigneusement caractérisé, comme celui de *Saccharomyces cerevisiæ*, d'ailleurs.

Contrairement à d'autres microorganismes, *Œnococcus œni* résiste à des concentrations élevées d'éthanol, celles qui résultent de la fermentation alcoolique, à un milieu acide dû aux acides malique et tartrique (pH avoisinant 3) et à une faible quantité de nutriments (ceux que les différentes levures ont laissés).

L'augmentation du pH au cours de la fermentation malolactique influe sur les propriétés organoleptiques du vin en diminuant son aigreur, mais aussi en modifiant la production de substances qui participent à ces qualités organoleptiques. Ainsi, *Œnococcus œni* produit le diacétyle qui donne au vin un arôme beurré, du moins à faible concentration. Il procure en outre une stabilité microbienne en soustrayant l'acide malique, source potentielle de carbone pour d'autres bactéries, mais également en produisant des substances bactéricides pour d'autres congénères susceptibles de corrompre le vin.

Origine des microorganismes

L'origine de ces microorganismes dépend de la démarche du vigneron. Dans le cas où le vigneron laisse libre cours à la nature, les microorganismes et en particulier les levures ont une double origine: le raisin et le caveau.

La microflore du raisin varie selon le cépage, les conditions météorologiques et environnementales et surtout l'utilisation des pesticides. Louis Pasteur a observé la présence de levures sur la peau du raisin, bien avant l'utilisation des fongicides. Elles ont été caractérisées dès 1886 par Hermann Müeller-Thurgau, le biologiste suisse qui nous a légué le cépage du même nom. Le nombre de levures colonisant les grains de raisin augmente avec la maturité de celui-ci au moment de la vendange; cela est dû à la diffusion du sucre intracellulaire vers la surface du grain, qui favorise la croissance levurienne. Bien évidemment, les insectes, cibles des pesticides, contribuent à cette colonisation microbienne du grain de raisin mûr.

La survie des différentes souches de levures, dont je vous épargne les noms, dépend de facteurs biologiques et physicochimiques caractéristiques du vignoble et du caveau. La concentration en éthanol joue un rôle important dans cette sélection. Les levures présentes sur le raisin meurent au milieu de la fermentation à cause de leur sensibilité à cet alcool. À ce moment, *Saccharomyces cerevisiæ* prend le dessus en raison de sa résistance à une concentration d'éthanol plus élevée que celle de ses congénères; c'est elle qui termine le travail. *Saccharomyces cerevisiæ* provient principalement du caveau comme l'ont démontré Émile Peynaud et ses collaborateurs.

Une autre façon de faire pour le vigneron consiste à aider la nature, à lui donner un coup de pouce. Comment? Bien simplement, en ensemençant le jus de raisin avec un *starter*, comme disent les auteurs anglo-saxons, c'est-à-dire avec une culture de levure lyophilisée, comme celle qu'on ajoute à la farine et à l'eau pour faire le pain.

Cette pratique n'est pas nouvelle; elle remonte au XIXe siècle. Ainsi, Hermann Müller-Thurgau introduit le concept de l'ensemencement du moût avec une culture issue d'une levure unique. Cette façon de faire a révolutionné l'industrie du vin.

L'inoculation des moûts au moyen de levures est une pratique établie depuis les années 1970. Plus de 150 souches de levures, essentiellement *Saccharomyces cerevisiæ* mais d'autres aussi, sont vendues dans le commerce. Elles ont été isolées à partir d'espèces sauvages provenant de territoires viticoles spécifiques. Leurs propriétés de fermentation et leurs performances œnologiques sont soigneusement caractérisées par des études métaboliques, protéomiques et génomiques. Il en est de même pour diverses souches d'*Œnococcus œni*. La compagnie montréalaise Lallemand est le leader mondial dans ce domaine de la vinification scientifique.

Plusieurs souches de levures sont utilisées en ensemencement unique ou séquentiel, seules ou mélangées avec *Œnococcus œni*.

Cette façon de faire est garante d'efficacité et de rentabilité. Elle permet aussi une constance des propriétés organoleptiques et une plus grande homogénéité des millésimes successifs d'un même vin, un grand cru, par exemple. Une façon comme une autre de fidéliser le consommateur.

Une troisième façon de faire est de mettre définitivement fin à ces caprices de la nature. Différentes approches expérimentales ont été développées à cet effet.

D'une part, des nouvelles souches de levures ou de bactéries peuvent être obtenues en laboratoire par des méthodes expérimentales d'hybridation ou de mutation.

Illustrons notre propos par un exemple récent. Le réchauffement planétaire s'accompagne de vendanges de plus en plus riches en glucose et donc de vin de plus en plus alcoolisé. Or, l'éthanol est toxique pour *Saccharomyces cerevisiæ* à partir d'une certaine concentration. Il faut donc développer des souches de levures, hybrides ou mutantes, capables de résister à des concentrations plus élevées d'éthanol ou de dévier partiellement la fermentation des sucres vers d'autres métabolites que l'alcool éthylique, comme le glycérol.

D'autre part, le développement de microorganismes génétiquement modifiés (OGM) constitue le prolongement logique du processus qui utilise un ensemencement des moûts avec des levures sélectionnées: mettre fin aux caprices de la nature et conduire la fermentation là où le fabricant de vin veut la conduire. Les techniques de biologie moléculaire ont décrypté le génome de *Saccharomyces cerevisiæ* et de *Œnococcus œni*. Les gènes codant pour certaines enzymes impliquées dans divers processus de fermentation chez les levures et les bactéries ont été isolés et séquencés. Il est donc aisé de transfecter *Saccharomyces cerevisiæ* ou une autre espèce levurienne avec un ou plusieurs de ces gènes.

Même si les levures génétiquement modifiées ne sont pas encore autorisées officiellement pour la vinification, différentes souches ont été développées en laboratoire.

Mais pourquoi ces levures génétiquement modifiées?

Plusieurs arguments sont avancés dans la littérature scientifique par les promoteurs de ces orientations nouvelles. Tout d'abord, ces levures permettraient, du moins en théorie, une amélioration des propriétés organoleptiques du vin en favorisant la libération de molécules aromatiques à partir de leurs précurseurs inodores. Ainsi, le géraniol et le nérol peuvent être libérés de leurs précurseurs, les glycosides de terpène inodores, par une enzyme présente naturellement dans le raisin muscat et son jus: la β-D-glucosidase. Cette activité enzymatique, libérée au cours de la préparation du moût, est cependant limitée et instable. On peut pallier cet inconvénient soit en ajoutant cette enzyme au moût ou, à moindres frais, en utilisant une souche de levure transfectée avec le gène codant pour cette glucosidase et responsable d'une sécrétion constante, accrue et contrôlée de cette enzyme.

Ces levures génétiquement modifiées devraient aussi remplacer les bactéries pour la fermentation malolactique. Dans ce cas, un seul et même microorganisme s'occuperait des deux types de fermentation: gain de temps et d'argent.

Un autre objectif visé par le développement de ces OGM est d'augmenter la tolérance des levures aux pesticides de synthèse, mais également naturels comme le cuivre et le soufre. Néanmoins, il existe déjà des plantes génétiquement modifiées: *pesticide ready*, alors pourquoi pas des levures?

Une utilisation accrue des pesticides devrait aller de pair avec les changements climatiques favorables à certaines infections fongiques et microbiennes connues, mais aussi nouvelles, dans certains vignobles émergents. Dans ce cas encore, il vaut mieux prévenir que

Les OGM dans l'arsenal thérapeutique…

En 1982, l'insuline, le premier médicament produit par des cellules génétiquement modifiées, a reçu l'agrément de la Food and Drug Administation. Depuis, plus de 100 médicaments de nature peptidique ou protéinique issus de la transgénèse ont vu le jour et sont couramment utilisés en clinique de façon plus sûre que s'ils étaient purifiés à partir du sang ou d'un organe animal ou humain. C'est le cas en particulier de l'hormone de croissance humaine… Vous vous souvenez de la maladie de Creutzfeldt-Jacob ?

Ces médicaments sont utilisés avec succès pour le traitement de maladies endocriniennes, génétiques et néoplasiques, en immunologie (vaccination et traitement de maladies auto-immunes) et en hématologie, mais aussi à des fins diagnostiques ou encore esthétiques.

guérir et ces caprices de la météo ne doivent en aucun cas assécher ni diluer le commerce du vin; nous y reviendrons.

Enfin, certains microorganismes pourraient être développés pour enrichir les moûts en tel et tel constituant doué de propriétés thérapeutiques ou supposées telles, le resvératrol, par exemple.

Même si différentes souches de levures génétiquement modifiées existent en laboratoire, l'utilisation des OGM dans l'alimentation et donc dans l'élaboration du vin est strictement réglementée dans les Communautés européennes, aux États-Unis et dans d'autres pays, comme le Canada. De plus, leur utilisation dans l'élaboration du vin devra être approuvée par l'Organisation internationale de la vigne et du vin (OIV). Et en fin de compte, il ne faut pas oublier les réticences de certains consommateurs à l'égard des OGM, mais qui sait ? Deux souches *de Saccharomyces cerevisiæ* génétiquement modifiées sont disponibles. Sont-elles utilisées? Je ne le sais pas. Cependant, une méthode permettant la détection de leur ADN dans le vin a déjà été mise au point.

Le soufre dans le vin

Dès l'Antiquité, l'anhydride sulfureux (SO_2) formé par combustion du soufre élémentaire (S) est utilisé comme antiseptique. Les premières preuves de l'utilisation du SO_2 dans la vinification datent cependant du XVIe siècle. À cette époque, un décret officiel publié à Rothenburg, en Bavière, autorisait les vignerons à brûler des copeaux de bois soufrés, mélangés à des racines de violettes et à de l'encens (!) dans les tonneaux destinés à accueillir le vin nouveau. Depuis, les viticulteurs utilisent le soufre en pulvérisation contre l'oïdium et brûlent des allumettes hollandaises pour désinfecter les foudres de chêne avant d'y introduire le vin nouveau.

Le SO_2 peut aussi être ajouté au vin soit sous forme de gaz sous pression, soit sous forme de métabisulfite de potassium solide: $K_2S_2O_5$. Celui-ci forme le SO_2 selon le schéma réactionnel suivant:

$$K_2S_2O_5 + H_2O \rightarrow 2K^+ + 2HSO_3^-$$

En présence du pH acide du vin:

$$HSO_3^- + H^+ \rightarrow H_2O + SO_2$$

Le SO_2 est utilisé aux différentes étapes de la vinification et avant la mise en bouteilles comme bactéricide (pesticide) et antioxydant à des concentrations inférieures (0,8-1,5 mg par litre) aux concentrations toxiques, sauf chez certaines personnes particulièrement sensibles. Il semble que 0,4% de la population soit allergique à l'anhydride sulfureux (SO_2). Les sujets les plus à risque sont les asthmatiques.

Le moment du sulfitage dépend beaucoup des habitudes du viticulteur, du maître de chai, de l'année et, bien sûr, des conditions météorologiques. Un premier sulfitage peut avoir lieu lors de l'encuvage avant l'addition de levures exogènes, et ce, pour tuer les bactéries et les levures indigènes susceptibles d'interférer avec la fermentation alcoolique et malolactique.

Dans le moût, le SO_2 existe sous diverses formes chimiques, libres ou liées à d'autres molécules comme les polyphénols. Mais seule la forme libre est active.

Fabriquer des vins sans SO_2 comporte un grand risque et, dans ce cas, le vin doit être conservé à une température inférieure à 14 °C. C'est ce que recommandait feu Marcel Lapierre pour son excellent morgon. Une certaine concentration de SO_2 est donc nécessaire pour augmenter la tolérance du vin à des températures plus élevées, mais aussi aux conditions de transport. Sans SO_2, la fermentation peut reprendre dès que la température dépasse 15 °C; c'est le cas des vins liquoreux où la concentration en sucre est élevée. Les vins rouges tanniques sont moins riches en SO_2 que les vins blancs ou rosés. Nous verrons effectivement que les tannins ont des propriétés antiseptiques et bactéricides, du moins pour certaines bactéries.

La mention «contient des sulfites» ou «contient du SO_2» révèle une concentration supérieure à 10 mg par litre. Cette concentration de SO_2 libre n'est cependant pas constante; elle varie selon la composition chimique et l'âge du vin. En effet, hormis un apport exogène, le SO_2 est produit de façon endogène par les levures durant la fermentation alcoolique. Les quantités produites sont ordinairement inférieures à 10 mg par litre. Ainsi, un vin totalement dépourvu de soufre n'existe pas.

À côté du soufre et de l'anhydride sulfureux, le vin peut renfermer d'autres agents antiseptiques de nature synthétique; du moins, ils sont à la disposition du vinificateur.

La physicochimie et la vinification

Les méthodes actuelles de vinification font appel à différentes techniques alliant des principes physiques et des réactions chimiques.

Le vieillissement artificiel du vin par micro-oxygénation, ou microbullage, consiste à introduire dans le vin un flux d'oxygène à un débit et à une concentration très faibles, aussi peu que 1 ml par litre de vin par mois. Cette micro-oxygénation permet d'assouplir les tannins du vin. Ce n'est donc pas un hasard si ce procédé a d'abord été appliqué à des vins du sud-ouest de la France comme le madiran, puisque le tannat qui le compose est particulièrement riche en tannins. En fait, cette méthode alliée à l'utilisation de copeaux de chêne vise à reproduire de façon accélérée et à moindres frais en cuve d'acier inoxydable la lente microdiffusion de l'oxygène et les réactions chimiques obtenues durant le vieillissement du vin en fût de chêne, long et onéreux.

Le viticulteur fait aussi appel aux méthodes d'absorption et de sédimentation pendant l'étape de clarification du vin. Celles-ci sont nécessaires pour éliminer les fines particules en suspension par adsorption sur des molécules de plus haut poids moléculaire. Classiquement obtenue lors du collage du vin par ajout à ce dernier de protéines comme le blanc d'œuf, la gélatine ou la caséine du lait, la clarification du vin peut aussi être obtenue par addition de substances minérales naturelles (bentonite), mais aussi de polymères synthétiques (polyvinylpyrolidone). Le précipité obtenu est éliminé par filtration sur des membranes dont la porosité est de l'ordre du micromètre (μm). Ce processus est donc appelé « microfiltration ».

Plus récemment, les méthodes physicochimiques, la nanofiltration et l'osmose inverse, depuis longtemps utilisées en laboratoire, mais aussi dans d'autres domaines de notre environnement — je pense entre autres à la désalinisation de l'eau de mer — ont été mises au service de la vinification. La nanofiltration utilise des membranes dont la porosité est de l'ordre du nanomètre (nm), donc 1000 fois inférieure à celle de la microfiltration.

Ces méthodes sont appliquées, avec plus ou moins de succès, à la désalcoolisation de vins dont la teneur en alcool est particulièrement élevée, un des aléas associés au réchauffement planétaire.

On peut également avoir recours à la nanofiltration pour corriger les propriétés organoleptiques ou l'acidité d'un vin en éliminant une molécule malodorante, en soustrayant l'acide acétique d'un vin contaminé ou tout simplement, pourquoi pas, l'acide malique. Dans ce cas, finie, la fermentation malolactique.

Que deviennent les molécules de taille semblable à celles de l'éthanol partiellement responsables des propriétés organoleptiques du vin? Pas grave, on va arranger tout cela en combinant savamment ces différentes méthodes et, au besoin, en en imaginant d'autres comme les méthodes chromatographiques. Toutes ces méthodes sont bien sûr commercialisées et leur utilisation est pratique courante pour certains vins.

Un arsenal chimique, biotechnologique et physicochimique important est à la disposition de la viticulture et de la vinification comme il l'est pour d'autres domaines agroalimentaires. Ces outils peuvent être utilisés pour museler la nature, mettre un terme à ses caprices, source potentielle de disettes monétaires. Ils peuvent aussi permettre de fabriquer un vin taillé sur mesure, répondant au goût de l'amateur ou du soi-disant connaisseur, comme cela existe pour la bière, par exemple.

Notre propos n'est pas de dire que ces façons de faire, et d'autres dont nous n'avons pas parlé, sont utilisées par tous les viticulteurs. Mais, puisqu'elles existent, autant en être informés. Leur usage devrait figurer sur l'étiquette du vin que nous buvons, à l'instar des valeurs nutritives et des ingrédients pour d'autres aliments.

LA DÉGUSTATION

*Avant de porter un tel nectar à ses lèvres, on le regarde
en tenant haut son verre, on le hume longuement,
puis, le verre posé sur la table... on en parle.*

CHARLES-MAURICE DE TALLEYRAND-PÉRIGORD

Ce chapitre n'est pas consacré au cérémonial, aux techniques, au langage imagé, fleuri, ésotérique, voire hermétique, qui entoure la dégustation du vin. D'autres le font bien mieux que nous pourrions le faire.

Plus simplement, nous voudrions présenter les bases scientifiques de la dégustation. Pour ce faire, nous décrirons les mécanismes physiologiques impliqués au niveau sensoriel et la nature des molécules détectées.

Ce qu'on en dit

Dans son *Dictionnaire amoureux du vin*, l'académicien Bernard Pivot décrit en termes imagés les caractéristiques et les différentes étapes de la dégustation. Il nous en signale les pièges et nous montre comment elle peut s'avérer être un exercice périlleux. Pour illustrer son propos, il nous explique comment Émile Peynaud, un des papes de l'œnologie du XXe siècle et l'auteur du célèbre et classique *Le goût du vin*, trébucha devant un flacon de Château Haut-Brion 1970, excusez du peu.

Plus récemment, le nez d'un gourou de l'œnologie planétaire fut bien en deçà de sa mise aux enchères: un million de dollars!

La dégustation fait intervenir trois de nos cinq sens dans un ordre chronologique bien défini: la vue, l'odorat et le goût. Les impressions sensorielles qui ressortent de cet exercice sont des phénomènes complexes qui dépendent d'au moins trois types de facteurs: les qualités intrinsèques du vin d'abord, les dispositions génétiques et acquises du dégustateur ensuite, et enfin les conditions physicochimiques et psychologiques qui entourent la dégustation.

Nous allons tenter de présenter l'essentiel des connaissances actuelles relatives à ces divers aspects.

Les molécules détectées durant la dégustation sont complexes tant par leur nature que par leur nombre. Elles trouvent leur origine dans le développement biphasique du raisin, mais aussi dans la nature du cépage, le terroir, les deux fermentations, l'élevage en fût de chêne ou son substitut et bien sûr le travail et le savoir-faire du vigneron.

À côté des quelque 2000 molécules (le nombre varie selon les auteurs) connues actuellement, isolées et caractérisées dans différents vins rouges, il en existe bien d'autres inconnues. Ainsi, chers amis du vin, je tenterai de dire toute la vérité de la façon la plus simple (et non simpliste) possible, et ce, dans le seul souci de mieux comprendre la nature et de mieux apprécier la richesse du rouge bord que nous dégustons.

Le parcours de ce chapitre risque néanmoins d'être un peu astringent. Je vous prie de m'en excuser, chers lecteurs œnophiles, mais consolons-nous, qu'en sera-t-il quand la chimie du vin et la physiologie de la dégustation auront livré tous leurs secrets?

Dans les plis de sa robe...

L'examen visuel du vin est illustré à souhait dans la dégustation de M. Duchemin, alias Louis de Funès, dans le film *L'aile ou la cuisse*. Il en examine la robe sous une inclinaison d'environ 45°, tout en agitant délicatement le précieux liquide dans le verre, et ce, afin de permettre un contact étroit entre les différents constituants chimiques du vin et l'oxygène de l'air. Étape importante, voire essentielle de la dégustation, si du moins nous en croyons l'expérience de l'auteur du fameux guide *Duchemin*.

Physiologie de l'examen visuel du vin

En fait, ce que nous percevons durant l'examen visuel du vin, c'est l'ensemble des longueurs d'onde (aspect qualitatif de l'examen visuel) et l'intensité (aspect quantitatif de ce même examen) de la lumière visible transmise, non absorbée par les molécules du vin et détectée par des récepteurs contenus dans les cellules en forme de cône et de bâtonnet. Les cônes (6-7 millions) se trouvent au centre de la macula rétinienne, prolongement du système nerveux central, alors que les bâtonnets (plus de 100 millions) sont dispersés sur la surface de cette dernière, autour des cônes. Cônes et bâtonnets ont une sensibilité différente à la lumière.

Il y a plusieurs types de cellules en forme de cône qui contiennent chacune un photopigment de sensibilité variable aux diverses longueurs d'onde. Cette propriété permet de discerner les couleurs. Les cellules en forme de bâtonnet, quant à elles, réagissent à un large spectre de longueurs d'onde, mais sont très sensibles à l'intensité lumineuse. Cônes et bâtonnets sont tous deux affectés par la dégénérescence maculaire liée à l'âge.

Les molécules détectées par l'examen visuel du vin

Les anthocyanes forment, avec les flavonoïdes, les acides phénoliques et les tannins, la famille des polyphénols qui jouent un rôle important, voire primordial, dans l'harmonie des propriétés organoleptiques du vin. Alors que les tannins sont associés à la phase gustative de la dégustation, les anthocyanes sont principalement responsables de la couleur, de la robe du vin rouge. Le mot «anthocyane» dérive justement de deux racines grecques: *anthos* (fleur) et *kyaneos* (pourpre). La chimie des polyphénols, et en particulier ceux du vin, est extrêmement complexe, nous ne ferons que l'aborder. Nous renvoyons le lecteur voulant s'informer davantage aux ouvrages spécialisés qui nous ont servi de référence pour rédiger ce texte.

Ces pigments s'accumulent dans l'exocarpe du raisin noir, la pellicule, si vous préférez, pendant la maturation de ce dernier, aussi appelée «véraison». La diversité et la concentration (de 0,1 à plus de 1 g par litre) de ces molécules varient selon la nature du cépage, les conditions viticoles et climatiques; ils sont extraits de la pellicule durant les étapes de macération et de fermentation. Cinq anthocyanes sont principalement responsables de la couleur du vin jeune: la malvidine, la delphinidine, la pétunidine, la péonidine et la cyanidine. La malvidine est cependant l'anthocyane la plus importante. Les formules de ces différentes molécules sont représentées à la figure 2. Les voies métaboliques et leur régulation, à l'origine de la synthèse de certains de ces polyphénols, sont maintenant connues.

FIGURE 2

Structure chimique des principaux anthocyanes du vin rouge

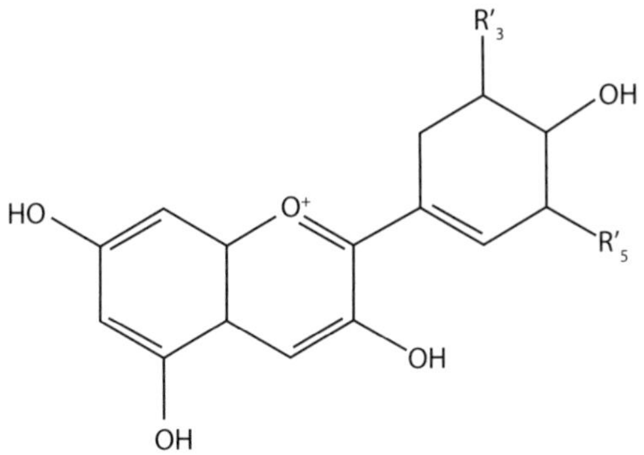

R′$_3$	R′$_5$	Nom de l'anthocyane
OH	H	Cyanidine
OCH$_3$	H	Pæonidine
OH	OH	Pétunidine
OCH$_3$	OCH$_3$	Malvidine

Sources: Ribéreau-Gayon P. *et al.*, 1998, et Birse, M. J., 2007.

Plusieurs anthocyanes sont présentes sous forme de glycosides dans la pellicule du raisin, le résidu glucose de même que certains acides (acétique, par exemple) augmentent leur solubilité dans la solution hydroalcoolique qu'est le vin. La position C4 dans la structure des anthocyanes est particulièrement importante. En effet, c'est là que se lie le SO$_2$, avec pour conséquence une diminution de l'intensité et de la complexité de la robe du vin.

Ce sont donc ces différentes anthocyanes qui absorbent la lumière à des longueurs d'onde spécifiques du spectre de la lumière visible, entre l'ultraviolet et l'infrarouge. La concentration absolue et relative de chacune de ces molécules, mais aussi les produits de leur réaction avec d'autres molécules issues du métabolisme levurien et bactérien au cours des fermentations rendent compte de la complexité qualitative et de l'intensité du spectre d'absorption et donc de la robe du vin.

La robe d'un vin rouge n'est pas la même lors de la mise en bouteilles et après cinq ans de garde, par exemple. Ce changement de couleur reflète une réaction des anthocyanes avec d'autres molécules dont certains flavonoïdes (figure 3) du vin pour former d'autres molécules colorées, les pigments dérivés des anthocyanes. Ces réactions de polymérisation dépendent de divers facteurs physicochimiques comme la lumière, l'oxygène et l'acidité. Elles ont deux conséquences principales. La première est une diminution de la concentration de certaines anthocyanes; c'est le cas en particulier de la malvidine dont la concentration diminue lors de la conservation du vin. La deuxième conséquence, associée à la diminution de la concentration des tannins, est un assouplissement du vin avec le vieillissement et une diminution de l'astringence.

FIGURE 3
Exemples de pigments dérivés d'anthocyanes

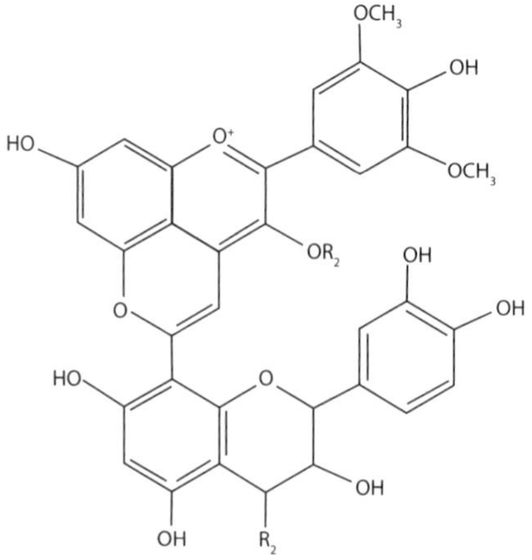

Sources: Ribéreau-Gayon, P. *et al.*, 1998, et Birse, M. J., 2007.

Vous comprenez aisément qu'il est très difficile de quantifier la robe d'un vin en continuelle évolution. Il n'existe pas de substance de référence pour la robe d'un vin, comme c'est le cas pour une boisson contenant un colorant de nature synthétique.

Des méthodes physicochimiques de détection, comme l'absorption de la lumière à une ou plusieurs longueurs d'onde couplées à des méthodes modernes de séparation (chromatographie liquide haute pression, électrophorèse capillaire) ont donc été développées pour identifier et quantifier de façon individuelle les différentes anthocyanes responsables de la robe du vin rouge.

Ces méthodes physicochimiques permettent le dosage de la malvidine, principale anthocyane du vin rouge, pour nous rassurer quant à l'âge réel du vin que nous buvons. C'est particulièrement vrai quand le millésime figure sur le col du flacon, position plus «mobile» que sur l'étiquette. Ce type d'analyse devrait aussi être utile pour évaluer un vieillissement accéléré comme celui obtenu par la microoxygénation en cuve inox.

Le vin blanc et rosé

La concentration en anthocyanes du vin blanc fait pâle mine à côté de celle du vin rouge. En effet, qu'il s'agisse d'un blanc de blanc ou d'un blanc de noir, la nature de la pellicule, d'une part, et l'absence de macération, de contact entre la pellicule et le jus, d'autre part, expliquent la quantité très faible de pigments rouges dans le vin blanc dont la robe est due essentiellement à certains flavonoïdes, les flavonols, pigments de couleur jaune présents dans la pellicule du raisin blanc et du raisin noir.

Quant au vin rosé, il n'est ni blanc ni rouge, mais l'un et l'autre à la fois. Il est traditionnellement obtenu à partir de raisins noirs soumis à une extraction anthocyanique par macération moins longue que pour le vin rouge. Certains semblent préférer toutefois mélanger du vin rouge avec du vin blanc un peu comme de la grenadine avec de l'eau.

La transparence d'un vin dépend de l'efficacité des étapes de collage et de filtration, nous en avons parlé. Un manque de transparence peut être voulu ou accidentel, moins qu'en politique cependant. Dans le premier cas, il s'agit d'une filtration insuffisante recherchée par le viticulteur pour ajouter de la *matière* au vin. Accidentel, le manque de transparence est le plus souvent dû à une mauvaise manipulation d'un vénérable flacon lors de la décantation, responsable de la mise en suspension d'un sédiment formé de tannins et de sels d'acide tartrique, pendant la garde dans le secret du cellier.

Vous lui trouverez de longues jambes ou bien des larmes. Le langage ici peut traduire un aspect caché de votre personnalité ou encore un état d'âme passager: «le vin pleure» et «elle avait de si longues jambes» dépendent de votre subconscient, de votre mémoire peut-être. Dans tous les cas, sachez que ce phénomène est dû à la teneur en alcool éthylique (et non celle en glycérol) et à son évaporation le long de la paroi du verre, favorisée par une légère agitation. L'éthanol, dont le point d'ébullition (72,6 °C) est inférieur à celui de l'eau (100 °C), s'évapore plus vite, entraînant un refroidissement et la formation de microgouttes qui s'agglomèrent et finissent par s'écouler sous forme de larmes ou de longues jambes.

Les bulles

La présence de bulles peut, elle aussi, être ou accidentelle ou voulue. Accidentelle, elle révèle un vin trop vite mis sur le marché, une fermentation malolactique incomplète se poursuivant dans le flacon. Ces bulles invisibles à la température de la cave vont se développer à la température de la pièce à cause du gaz carbonique (CO_2) dissous qui passe à l'état gazeux sous l'effet de la chaleur. Il semble d'ailleurs que l'observation de cette présence accidentelle de bulles due aux caprices de la nature ait été domestiquée pour notre plus grand bonheur et soit à l'origine de l'élaboration du champagne actuel.

Voulue, la présence de bulles résulte de la fabrication du vin selon la méthode champenoise ou plus simplement de l'injection de CO_2, un peu comme pour la plupart des eaux gazeuses, ce qui donne un vin d'allure *frizante*, comme dirait mon ami Massimo.

La formation de bulles dans le vin de Champagne a fait l'objet d'études très sérieuses de la part du Pr Gérard Liger-Belair à l'Université de Reims. Les bulles de CO_2 qui se forment lorsque vous débouchez une bouteille de Don Pérignon, par exemple, proviennent du CO_2 dissous, issu d'une deuxième fermentation alcoolique. Aussi appelée «prise en mousse», elle consiste en la fermentation levurienne d'une liqueur magique et secrète qui apporte 24 g de sucre par litre de champagne tranquille résultant d'une première fermentation du jus de chardonnay, de pinot meunier ou de pinot noir. Ici aussi, la nature des levures sélectionnées est importante, puisqu'elles fournissent des mannoprotéines stabilisatrices des bulles formant la mousse.

Qui l'aurait cru, cette fermentation fournit 9 g de CO_2, ce qui correspond à 5 l de CO_2 gazeux dissous dans une bouteille de 750 ml, soit entre 6 et 7 fois son volume. Cette quantité explique donc que la différence de pression lors du débouchage exerce un effet de décompression et une expulsion du bouchon à une vitesse de 50 à 60 km/h. Vous comprenez mieux maintenant la mésaventure du capitaine Haddock.

Grâce à la microphotographie et à la photographie laser, le chercheur champenois a pu étudier la vanité de la courte existence des bulles. Il s'est penché sur leur naissance au contact des imperfections du cristal ou plus simplement du verre de la flûte, il a mesuré leur taille, il a suivi, caractérisé et modélisé leur parcours parfois tumultueux mais souvent romantique, il a vécu leur mort misérable au contact de l'atmosphère, mais non leur suicide au contact de notre palais.

Quid de la finesse des bulles? D'après le spécialiste, elle dépend essentiellement de l'âge du flacon qui s'accompagne d'une diminution de la quantité du CO_2 dissous, donc de bulles de plus petite taille.

Pour un parfumeur, quelle enseigne!

La deuxième étape de la dégustation du vin est son examen olfactif, lequel nous permet de détecter ses arômes et son bouquet, deux notions différentes, puisque l'arôme fait davantage référence au fruit, au cépage si vous voulez, alors que le bouquet reflète surtout le travail des levures, des bactéries et celui du vigneron.

La complexité de cette étape de la dégustation est digne de celle des molécules détectées.

Description de l'examen olfactif du vin

L'examen olfactif fait appel à l'ortho-olfaction et à la rétro-olfaction. Autrement dit, il se fait directement par les narines ou de façon indirecte par voie rétro-nasale, par la gorge, à partir de la bouche lors de l'examen gustatif. La rétro-olfaction est pour sa part facilitée par un mouvement des joues et une aspiration d'air par la bouche.

Les molécules perçues par voie rétro-nasale ne sont pas les mêmes que celles détectées par voie orthonasale et ce pour plusieurs raisons dont une réaction chimique avec les constituants de la salive. Dans la *Physiologie du goût*, Jean-Anthelme Brillat-Savarin écrivait en 1825: «L'odorat et le goût ne forment qu'un seul sens dont la bouche est le laboratoire et le nez la cheminée.»

C'est cette rétro-olfaction qui est à l'origine de la notion de flaveur, néologisme qui provient du mot anglais «*flavor*». Elle intègre des impressions olfactives et gustatives. Même si cette notion de flaveur semble être d'apparition récente, Marcel Proust y fait déjà allusion quand il écrit: «[...] l'odeur et la saveur [...] le goût du morceau de madeleine trempé dans le tilleul...»

Organisation du système olfactif

L'odorat des êtres humains, moins développé que celui de la plupart des animaux, est cependant le sens le plus étudié et peut-être le plus complexe. Il nous renseigne sur les aspects quantitatif et qualitatif des odeurs qui se dégagent du vin. Les molécules odorantes et volatiles du vin sont détectées par les cils des neurones olfactifs au niveau de l'épithélium du même nom qui tapisse une partie seulement de la muqueuse nasale. Au préalable, ces molécules olfactives ont été dissoutes dans le mucus qui baigne la cavité nasale. La mise en solution des molécules hydrophobes est facilitée par la liaison à une protéine de transport qui les achemine jusqu'aux cils des neurones. Là, les molécules odorantes entrent en contact avec des récepteurs membranaires. Ceux-ci détectent une structure chimique particulière présente sur une molécule volatile. Cette liaison d'une molécule à son récepteur déclenche la genèse d'un signal électrique à l'intérieur du neurone. Ce message chemine tout au long de l'axone (prolongement du neurone) et est transmis à une zone particulière du cerveau appelée «bulbe olfactif», dans la zone frontale, juste au-dessus des fosses nasales. L'information en provenance des récepteurs est alors triée et transmise au cortex olfactif, décryptée dans des centres intégrateurs et transformée en une impression subjective, en une image, si vous préférez. Les techniques modernes telle la résonnance magnétique nucléaire permettent d'identifier les zones du cerveau activées par les molécules odorantes de différentes natures.

Les récepteurs olfactifs sont particuliers à plus d'un point de vue. D'une part, ils sont en renouvellement constant comme les neurones qui les supportent. D'autre part, ils se caractérisent par une spécificité élargie pour plusieurs molécules. Si bien qu'un récepteur peut être stimulé par des molécules très différentes partageant une même fonction chimique. De même, une molécule donnée peut, par ses divers groupements chimiques, stimuler plusieurs récepteurs.

Si les phénomènes olfactifs ne sont que partiellement connus, on sait par contre que ces récepteurs sont très nombreux, puisque plus de 1000 gènes dont 350 fonctionnels codant pour ces derniers ont été identifiés, ce qui correspond à environ 3% du génome humain. Un neurone renferme donc un gène qui code pour un récepteur particulier, et ces gènes varient d'un individu à l'autre.

Tout comme les détecteurs de fumée dans nos maisons, ces récepteurs se caractérisent par différents seuils d'activité. À très faible concentration de la molécule odorante, aucun signal n'est transmis vers le bulbe olfactif. Il faut atteindre une concentration supérieure pour que cette molécule odorante soit détectée, mais non encore définie. Si cette concentration augmente encore, la molécule est non seulement détectée, mais aussi reconnue et identifiée. Pour une partie du moins, les seuils de détection et d'identification d'une substance aromatique sont d'origine génétique. Ces diverses caractéristiques expliquent la subjectivité quantitative (puissance au nez et intensité) et qualitative (fleur, feuille, piment, la confiture de roses de grand-maman...) de la phase olfactive de la dégustation.

Ce seuil de détection dépend aussi de la nature de la molécule. À titre d'exemple, le 2-isobutyl-3-méthoxypyrazine (figure 4) a un seuil de détection qui est 200 fois inférieur à celui de l'éthanol.

De plus, pour une même molécule, la sensation olfactive peut varier en fonction de la concentration; ainsi, l'indole à faible concentration a une odeur florale; à forte concentration, il sent le pourri.

FIGURE 4
Exemple de molécules aromatiques du vin dont le seuil de détection est variable

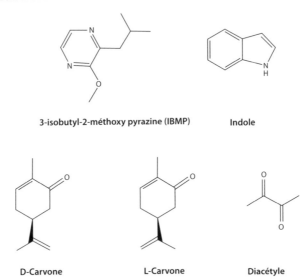

3-isobutyl-2-méthoxy pyrazine (IBMP)   Indole

D-Carvone   L-Carvone   Diacétyle

Source: Ebeler, S. E., 2001 et 2009.

Enfin et pour une même molécule également, la nature de la perception au niveau du cerveau dépend aussi de sa structure spatiale, isomérique: l'isomère D-carvone a une odeur de graine de carvi alors que L-carvone sent la menthe verte.

Le milieu dans lequel se trouve cette molécule odorante influence également sa perception. Par exemple, pour le même dégustateur, le diacétyle a un seuil de détection moindre dans un verre de chardonnay lorsqu'il est comparé à celui mesuré pour le pinot noir ou le cabernet sauvignon.

Parmi les autres facteurs susceptibles d'affecter la phase olfactive de la dégustation, il faut citer l'âge et le sexe. L'acuité olfactive décroît progressivement lorsque nous avançons en âge et, selon certains auteurs, les femmes ont le nez fin: elles perçoivent mieux les odeurs florales que les hommes. L'état de santé buccale, la prise de certains médicaments, le tabagisme, l'état de jeûne et le moment de la journée peuvent aussi influencer la perception des odeurs. Enfin, il ne faut pas oublier l'anosmie et l'hyperosmie, génétiques ou acquises, qui se caractérisent par l'abaissement ou l'augmentation du seuil de détection d'une ou de plusieurs molécules.

Avant de conclure cette section, il faut également ajouter une dimension affective reliée au sens de l'olfaction. Il ne faut pas oublier que l'olfaction est un sens vital pour de nombreuses espèces. Il est par exemple nécessaire pour la chasse, pour l'évitement des prédateurs, pour la recherche et la détection de nourriture ou de lieux de ponte ou de reproduction, pour la reconnaissance et le marquage du territoire, pour la communication entre individus par messages olfactifs. Même si, pour l'homme, la grande majorité de ces fonctions sont maintenant accessoires, les circuits neuronaux impliqués dans le traitement de l'information olfactive sont toujours présents dans notre cerveau. Notamment, il y a un lien très étroit entre l'odorat et la mémoire affective. Une odeur peut éveiller en nous des flots de nostalgie, des images, des sensations puissantes, bien avant que nous en soyons conscients. Cette dimension affective de l'olfaction et donc de la dégustation provient du branchement entre les aires cérébrales qui traitent l'information olfactive, les régions du cerveau associées à la mémoire et le système limbique, qui gère nos émotions. Ce lien étroit entre l'olfaction et la mémoire affective participe également au caractère unique et individualisé de l'expérience olfactive. Comme il y a une mémoire olfactive, un apprentissage olfactif est possible. On peut donc raffiner son sens de l'odorat. Ainsi, avec l'entraînement, la dégustation et l'appréciation du vin deviennent plus accessibles.

La volatilité des molécules détectées

Contrairement à la couleur de la robe et au goût, associés à des molécules en concentrations plus importantes, les arômes et le bouquet sont surtout dus à des molécules volatiles en faible concentration, exception faite de l'éthanol qui a ses propriétés olfactives caractéristiques.

Variables dans le temps, les arômes, que M. Duchemin ne semblait pas détecter, sont attribuables à la chimie intrinsèque du vin, mais ils se développent aussi, évoluent lorsque le vin entre en contact avec l'air, soit durant la décantation, soit durant l'examen visuel. Dans l'un et l'autre cas, les sensations olfactives sont dues à la détection de substances volatiles dont l'évaporation dépend de la température, du coefficient de partage entre l'air et la solution hydroalcoolique qu'est le vin, du savoir-faire et du nez du dégustateur, de la forme du verre et du seuil de détection de chaque molécule

Classiquement, on distingue les arômes primaires, secondaires et tertiaires du vin.

Les premiers sont propres au cépage; ils sont synthétisés pendant la véraison. Préformés dans le grain de raisin, ils sont aussi libérés par voie enzymatique à partir de précurseurs inodores pendant la macération et la fermentation, comme nous l'avons décrit précédemment.

Même si certaines molécules aromatiques sont communes à plusieurs cépages, il existe des différences variétales tant qualitatives que quantitatives responsables de la typicité. Ces différences variétales sont de nature génétique. Un certain nombre de gènes soustendant les diverses voies métaboliques à l'origine de la synthèse des molécules aromatiques ont donc été identifiés. Ainsi, près de 100 gènes sont impliqués dans la synthèse des terpènes. On sait que l'expression de ces gènes est étroitement modulée par des facteurs environnementaux. Des travaux de recherche visent actuellement à étudier les effets de l'environnement, comme la nature et la qualité du sol, sur le niveau de synthèse de ces molécules, partiellement responsable de la typicité due au terroir.

Les arômes secondaires sont issus du métabolisme bactérien et levurien au cours des deux fermentations. Ces arômes sont dus, nous l'avons vu dans la deuxième partie, à des activités enzymatiques et au métabolisme de *Sacchamyces cerevisiœ*, de *Œnococcus œni* et de leurs congénères. Ces molécules contribuent ensemble, et non de façon individuelle, au bouquet du vin.

Les arômes tertiaires se forment au cours de réactions chimiques qui ont lieu pendant l'élevage et le vieillissement du vin. Ceux-ci ont donc une influence importante sur le bouquet. Différentes substances extraites du chêne, venant du tonneau ou de copeaux, donnent des arômes boisés. La nature et la qualité du chêne, tout comme l'âge du tonneau, le fait qu'il a déjà été utilisé ou non et la durée du contact, ont aussi leur importance. Le tonneau de chêne peut également soustraire l'un ou l'autre des composés du vin, modifiant les arômes primaires et secondaires de ce dernier.

Enfin, le séjour en barrique peut s'accompagner d'un phénomène d'oxydation chimique ou microbiologique donnant au vin une odeur de noisette. Ce phénomène d'oxydation et la production d'acétaldéhyde font la typicité du fameux vin jaune, «ce vin si joli qu'on buvait en Arbois», comme disait le grand Jacques.

L'analyse des composés aromatiques du vin

Le nombre (plus de 1000 selon certains auteurs), la nature, la concentration (du nanogramme au milligramme par litre), le caractère volatil et complexe des molécules responsables de l'arôme et du bouquet du bon vin rendent leur étude particulièrement difficile. C'est la raison pour laquelle les différentes équipes de recherche se sont spécialisées dans l'étude de l'une ou l'autre classe chimique de ces molécules.

Les méthodes analytiques modernes, principalement la chromatographie en phase gazeuse et la spectrométrie de masse, ont permis non seulement de séparer et d'identifier nombre des molécules responsables des arômes et du bouquet de plusieurs vins, mais aussi de les quantifier.

Ces méthodes ont également permis de décortiquer les différents arômes et de montrer quelles sont les molécules qui y contribuent. Comment? En couplant les méthodes chromatographiques de séparation à un détecteur olfactif: le nez humain ou un nez électronique. Ce procédé original permet de détecter des molécules qui ont une très faible concentration mais un pouvoir aromatique puissant, et ainsi de définir leur participation au bouquet d'un vin. D'un point de vue pratique, on sépare par chromatographie en phase gazeuse les diverses molécules volatiles et on les identifie avec le nez. Ensuite, on dilue progressivement et on renifle de nouveau. Seules les molécules encore perçues après dilution sont considérées comme jouant un rôle important dans les propriétés olfactives de ce vin. On peut aussi procéder aux tests de reconstitution d'un arôme, en mélangeant les molécules constitutives, ou aux tests d'omission, en soustrayant successivement une ou plusieurs de ces molécules volatiles, préalablement identifiées.

LES TERPÈNES. ◆ Au nombre de plusieurs dizaines dans le vin, les plus connus des terpènes ont des noms qui rappellent des arômes de fleur et de fruit: géraniol, citronellol, linalol, par exemple (figure 5). Ce sont justement ces terpènes qui, à très faibles concentrations (de l'ordre du microgramme par litre), contribuent au caractère floral, variétal, typique de certains cépages et en particulier des vins muscats et gewurztraminers. Cet «arôme muscaté», selon l'expression du Pr Pascal Ribéreau-Gayon, est influencé par le climat et les conditions de viticulture. En général, la concentration en terpènes diminue en climat froid et brumeux par un mécanisme mal connu.

Les dérivés terpéniques sont présents sous forme libre (volatile) et sous forme de glycosides inodores dans les vacuoles de l'exocarpe du raisin. Ces derniers sont hydrolysés principalement par une glycosidase du moût libérée lors du pressurage ou plus simplement par ajout d'une enzyme exogène et, pourquoi pas, demain par celle d'une levure génétiquement modifiée avec le gène codant pour cette enzyme, nous en avons parlé.

FIGURE 5
Sructure chimique des principaux terpènes du vin

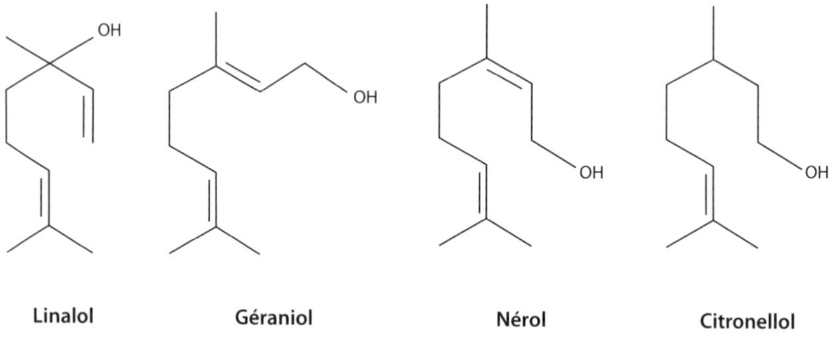

Linalol   Géraniol   Nérol   Citronellol

Source: Ebeler, S. E., 2001 et 2009.

LES MÉTHOXYPIRAZINES. ◆ Les méthoxypirazines sont issues du métabolisme de certains acides aminés. Elles ont deux caractéristiques principales.

D'une part, toutes ces molécules ont une odeur végétale, rappelant certains légumes. Cependant, toutes les odeurs végétales n'ont pas cette structure moléculaire.

D'autre part, ce sont des molécules très odorantes; elles sont présentes dans le jus de raisin et dans le vin à une concentration 1000 fois inférieure à celle des terpènes. Prenons un exemple: le 3-isobutyl-2-méthoxypirazine (IBMP) (figure 4), qui est responsable de l'arôme du poivron. Son seuil de sensibilité pour sa détection olfactive est de 2 ng par litre d'eau, ce qui est très faible. À une concentration supérieure à 10 ng par litre dans le vin blanc et 20 ng par litre dans le vin rouge, elle est associée à l'arôme d'herbe désagréable de certains vins et révèle un manque de maturité du raisin au moment de la vendange. C'est l'élimination de ce type d'odeur que permet la nanofiltration dont nous avons parlé précédemment.

Les méthoxypirazines, et en particulier l'IBMP, sont photosensibles, et leur concentration diminue au cours de la véraison. À une concentration aussi faible que 0,3 ng par litre, l'IBMP participe au caractère variétal de certains cépages comme le sauvignon blanc ou le cabernet sauvignon. Chez ce dernier cépage, la concentration de l'IBMP pourrait être régulée, du moins en partie, par des gènes hérités de ses deux parents: le sauvignon et le cabernet franc.

LES C13-NORISOPRÉNOÏDES. ◆ Ce sont des substances aromatiques de nature terpénique dérivant des caroténoïdes dont la concentration est très variable. Cette concentration en caroténoïdes est faible comparativement à celle qu'on trouve dans d'autres fruits ou légumes. Les principaux caroténoïdes identifiés dans le raisin sont la lutéine et le β-carotène et en concentration moindre la néoxanthine (figure 6).

Les caroténoïdes sont très lipophiles, insolubles dans l'eau. Ils sont présents dans la pulpe et la pellicule du raisin, car synthétisés partiellement par les chloroplastes. Au cours du pressage, ils peuvent être dégradés par la lumière ou hydrolysés par une oxydase qui les coupe en fragments plus petits.

Les C13-norisoprénoïdes contribuent à faible concentration, intermédiaire entre celle des terpènes et celle des méthoxypyrazines, aux caractéristiques aromatiques de certains vins blancs et rouges. Ces molécules ont des propriétés odorantes très diverses.

Prenons comme exemple le 1,1,6-triméthyl-1,2-dihydronaphtalène (TDN) (figure 6). Il est produit par réarrangement moléculaire d'un précurseur peu odorant. Il est synthétisé au cours de la garde en bouteille et confère un goût fumé, de kérosène à certains vins dont le riesling.

FIGURE 6

Structure chimique des principaux caroténoïdes du raisin et du TDN

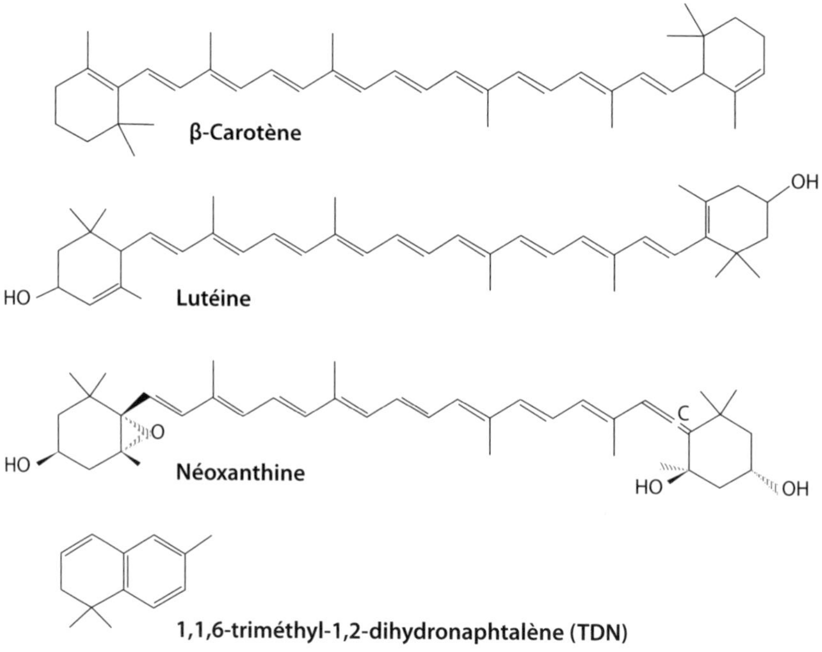

Source: Ribéreau-Gayon, P. *et al.*, 1998.

LES MOLÉCULES RENFERMANT UN RADICAL SULFHYDRYLE. ◆ Ces molé-cules sont capables du meilleur comme du pire. Certaines à faibles concentrations (du nanogramme au microgramme par litre) sont présentes sous forme de précurseurs inodores dans la pulpe du raisin. Après hydrolyse par les levures au cours de la fermentation, elles contribuent aux arômes fruités des vins jeunes. Ces molécules participent également aux notes variétales caractéristiques de vins issus de cépages aussi divers que la petite arvine, le gros manseng et le petit manseng. D'autres de poids moléculaire plus faible, formées pendant la fermentation ou le vieillissement, donnent un goût d'empyreume à certains vins.

LES AUTRES MOLÉCULES. ◆ Essentiellement non volatils, les acides contribuent peu aux propriétés aromatiques du vin, car présents en deçà de leur seuil de détection Ainsi, c'est seulement au-dessus de son seuil de détection relativement élevé (300 mg par litre) que l'odeur de l'acide acétique se manifeste.

À côté de l'éthanol, d'autres alcools formés pendant la fermentation participent à la complexité du bouquet du vin à condition qu'ils soient en faible concentration.

Plus de 100 esters ont été isolés du vin. La plupart sont formés pendant la fermentation. Les esters éthyliques d'acides gras et les esters acétiques contribuent au caractère fruité du vin. L'acétate d'éthyle, qui a l'odeur du vernis à ongles, et l'acétate d'isoamyle (figure 7), dont l'odeur rappelle celle de la banane, se retrouvent dans le vin à une concentration relativement importante, de l'ordre du milligramme par litre.

La principale aldéhyde est l'acétaldéhyde, dérivée de l'éthanol et participant directement ou indirectement, après réaction avec d'autres molécules, aux propriétés olfactives du vin.

La benzaldéhyde contribue à l'arôme caractéristique du gamay. La fermentation malolactique ajoute un arôme de beurre au vin, du velouté (pensez à certains chardonnays du Nouveau Monde). Ce caractère beurré est dû à la présence de concentrations élevées de diacétyle (2,3-butanedione) (figure 7).

La β-méthyl-gamma-octalactone provient du chêne et contribue aux arômes boisés du vin. Cependant, cette lactone existe sous deux formes isomériques.

L'isomère cis a un seuil de détection moindre que celui de l'isomère trans, et la concentration de l'un ou de l'autre varie selon l'origine du chêne. Cela explique que la note plus ou moins boisée

FIGURE 7

Exemples d'esters, d'aldéhydes et de cétones aromatiques du vin

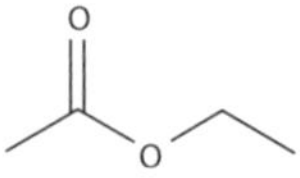

Acétate d'éthyle 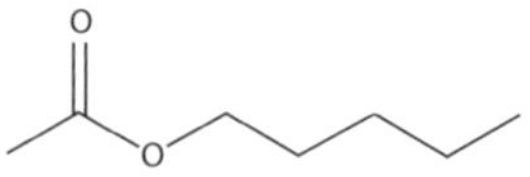   Acétate d'isoamyle 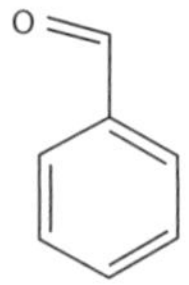   Benzaldéhyde

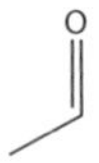

Acétaldéhyde 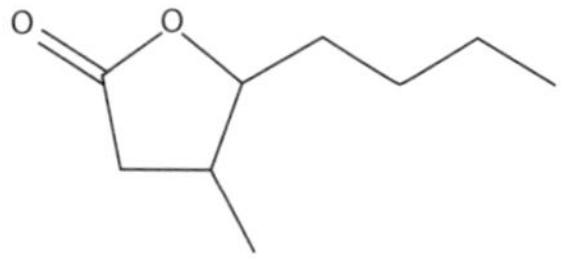   β-méthyl-γ-octalactone 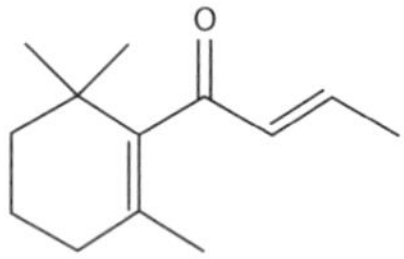   β-damascone

Source: Ebeler, S. E., 2001 et 2009.

dépend non seulement de la durée du contact entre le vin et le fût, mais aussi de la nature et de l'origine du fût de chêne ou des copeaux.

Encore une fois et comme d'autres molécules, ces aldéhydes et cétones ont une odeur désagréable si leur concentration est nettement supérieure à leur seuil de détection.

La damascone tire son nom de ses origines; elle a été en effet isolée pour la première fois de *Rosa damascena*. Elle participe à la finesse aromatique de certains vins en leur donnant un délicat parfum de rose, bien sûr.

Un vin long en bouche...

Le goût est un sens proche de l'odorat, non seulement par sa position anatomique, mais aussi par son système de détection des saveurs.

Le goût et l'odorat sont les deux seuls sens dits chimiques, à cause de la nature des substances détectées. Cependant, l'odorat par la voie directe et la voie rétronasale est responsable de la presque totalité de notre sensation gustative.

Classiquement, on distingue cinq saveurs ou modalités différentes. Ce sont le salé, le sucré, l'amer, l'acide et, plus récemment, l'umami qui, en japonais, signifie «agréable». Cette dernière modalité est produite par le glutamate monosodique, un additif alimentaire largement utilisé dans la cuisine asiatique.

Certains auteurs ont porté à sept le nombre de goûts détectés au niveau de la bouche; en plus des cinq modalités classiques citées ci-dessus, ils distinguent le calcium pour le chou et le pavot; le piquant pour le poivre, le piment et le gingembre. D'autres saveurs entrent également en ligne de compte: l'astringence, le métallique, le gras et l'amidon.

Ces différentes saveurs sont dues à des molécules non volatiles solubles dans la salive, qui, elles, sont détectées au niveau de la bouche et plus particulièrement de la langue grâce à des bourgeons gustatifs dont le nombre varie entre 500 et 20 000 (4000 en moyenne). Environ 70% de ces bourgeons gustatifs sont regroupés dans les papilles gustatives sur la face dorsale de la langue. Le reste se trouve sur le palais, le pharynx et la partie supérieure de l'œsophage. Ces bourgeons gustatifs ou du goût sont constitués de 50 à 100 cellules aussi gustatives, entourées d'un tissu de soutien. Lesdites cellules sont en fait des récepteurs dont la durée de vie est limitée, deux semaines environ; elles se régénèrent à partir des cellules basales (dormantes) situées dans le derme de la langue.

Chaque récepteur peut être stimulé par différentes substances, mais est plus sensible à une des cinq modalités. Contrairement à ce qui est généralement admis, chaque type de goût (sucré, salé, amer, acide et umami) n'a pas de localisation spécifique sur la langue. Chaque bourgeon gustatif contient des récepteurs pour ces cinq modalités.

La liaison d'une molécule à son détecteur propre produit un signal qui prend la forme d'un courant électrique, comme nous venons de le voir pour les récepteurs olfactifs. Il est transmis par des nerfs crâniens (olfactif et trijumeau) vers le tronc cérébral puis vers les centres supérieurs du cerveau. Le système limbique situé juste en dessous du cortex donne une connotation émotionnelle aux informations gustatives, tout comme pour les sensations olfactives. En suivant ce chemin, les messages passent par l'hypothalamus, la zone cérébrale du plaisir inconscient, puis dans l'hippocampe, où l'information est mémorisée et comparée avec les souvenirs. Durant sa progression vers le thalamus, le message gustatif se conjugue avec les sensations de l'odorat et du toucher de la langue. C'est le centre conscient de l'analyse logique de l'olfaction et du goût qui traite l'intensité et la nature du message. L'ensemble des informations est finalement acheminé et traité au niveau des lobes frontaux du cortex où émergent la conscience du vin reconnu et la sensation de plaisir procurée par celui-ci.

La nature, le caractère agréable ou désagréable du vin, l'amertume par exemple, est décodée par les structures sous-corticales et le cortex cérébral, ce qui entraîne une salivation à faible concentration ou, au contraire, de la nausée à concentration élevée. Cependant, cette sensibilité gustative, c'est particulièrement vrai pour l'amertume, dépend aussi de facteurs génétiques et acquis. Un seuil de détection différent (tout comme pour les arômes) existe pour les diverses saveurs. Ainsi, ce sont les saveurs amères, propres à de nombreux poisons, qui ont le seuil de détection le plus bas.

L'information relative à la température, à la texture et à la présence de bulles est perçue par les récepteurs somesthésiques; elle est envoyée par le nerf trijumeau et d'autres nerfs crâniens sensitifs vers le thalamus et le cortex somesthésique.

L'agueusie (absence ou réduction importante du sens gustatif) et la dysgueusie (altération du sens gustatif) constituent deux affections qui handicapent l'œnophile. De nature génétique ou acquise, elles touchent les récepteurs ou le mécanisme de transmission nerveuse de l'une ou l'autre saveur. Parmi les affections acquises, certaines sont associées à plusieurs pathologies dont les affections de type neurologique dégénératif. D'autres, par contre, sont dues à la prise de différents médicaments et affecteraient près de 10% des patients traités par des médicaments aussi divers que les antihypertenseurs, les hypolipémiants, les sels de lithium ou certains antibiotiques par exemple.

Cette agueusie acquise de type médicamenteux est celle qui affecte M. Duchemin. Cette affection ne l'empêche cependant pas d'identifier avec précision un grand cru de Bordeaux, par le seul examen visuel, même s'il y découvre un peu de pourriture noble, étonnant pour un Léoville Las Cases 1953. Ce vin était-il bouchonné? Nous ne le savons pas et nous ne le saurons jamais, puisque le futur académicien, l'immortel, devrais-je dire, n'y détecte pas la présence de trichloroanisol. Souffrait-il donc d'anosmie en plus d'agueusie? La question reste sans réponse depuis le décès de M. Louis de Funès.

Les molécules détectées

À côté de l'éthanol dont nous avons déjà parlé, le glycérol, avec les sucres, contribue à la sensation de viscosité. Celle-ci est perçue pour une concentration de ce polyol aussi élevée que 25 g par litre. La viscosité affecte certaines propriétés gustatives en diminuant l'acidité et l'astringence du vin.

Le vin renferme de nombreux acides mais, par ordre d'importance, les acides tartrique, malique et lactique comptent pour 90% de l'acidité totale. Ils s'accumulent dans les vacuoles de la pulpe (péricarpe) du raisin au cours de la période de croissance qui suit la fécondation de la fleur. Ces acides contribuent à éloigner les oiseaux pendant le développement du fruit, avant de participer aux propriétés organoleptiques du vin, après les étapes de fermentation et principalement la fermentation malolactique. L'acidité du vin peut aussi être ajustée artificiellement au moyen de procédés chimiques, comme ceux décrits dans la deuxième partie.

Les principaux sucres du raisin sont le glucose et le fructose qui s'accumulent pendant la véraison. Après la fermentation alcoolique, leur concentration est ordinairement inférieure à 1,5 g par litre dans les vins secs, mais supérieure dans les vins moelleux et doux. D'autres sucres sont également présents en quantité négligeable; ils proviennent soit des bactéries et des levures, soit de l'élevage en fût de chêne. Le saccharose est absent du jus de raisin et du vin, sauf s'il est ajouté lors de la chaptalisation.

Les anthocyanes, nous l'avons vu, jouent un rôle important dans la phase visuelle de la dégustation. D'autres types de dérivés phénoliques sont impliqués dans l'appréciation gustative du vin.

De nombreux dérivés des acides benzoïque et cinnamique sont présents dans le vin rouge à une concentration supérieure (100-200 mg par litre) à celle du vin blanc (10-20 mg par litre).

Les tannins sont des molécules de haut poids moléculaire. Relativement complexes, ce sont des polymères de molécules plus simples de nature phénolique. Selon leur origine et leur structure, on distingue deux types de tannins.

Les premiers, les tannins condensés ou procyanidines, originaires du raisin, sont des polymères des flavanes-3-ols aussi appelés «catéchines» (figure 8). La concentration (plus élevée dans le vin rouge que dans le vin blanc) et la diversité de ces molécules se reflètent dans les propriétés gustatives des différents vins.

FIGURE 8
Structure des flavan–3–ols (catéchines), précurseurs des tannins et des procyanidines

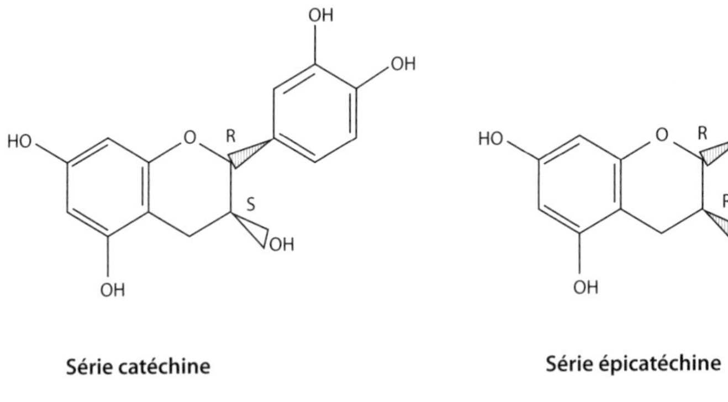

Série catéchine

Série épicatéchine

Source: Ribéreau-Gayon, P. *et al.*, 1998.

Les seconds, les tannins hydrolysables, proviennent du fût ou des copeaux de chêne. À l'hydrolyse, ils fournissent soit de l'acide gallique, soit de l'acide ellagique (figure 9). Leur nature et leur concentration varient selon la nature du chêne.

FIGURE 9

Structure des acides phénols identifiés dans les extraits de bois de chêne et de châtaignier

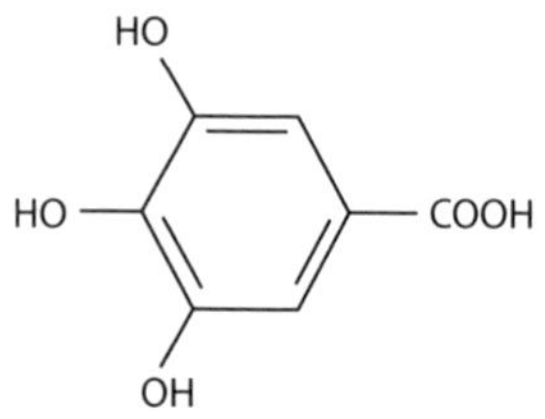

Acide gallique 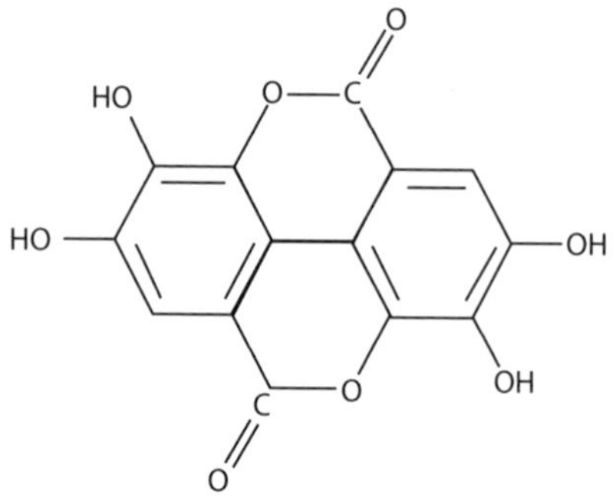   Acide ellagique

Source: Ribéreau-Gayon, P. *et al.*, 1998.

Les tannins sont responsables de l'amertume et de l'astringence du vin, en fonction de leur masse moléculaire. L'astringence est due à la réaction des tannins de poids moléculaire compris entre 300 et 600 avec les protéines de la salive.

Bien sûr, nous n'avons pas tout dit, car nous ne savons pas encore tout, ni sur la chimie complexe du vin ni sur les mécanismes de détection des différentes molécules. Il reste des dizaines, voire des centaines, de molécules à identifier. La connaissance de la nature des récepteurs, surtout au niveau olfactif, en est encore à ses balbutiements. Une vraie dégustation en perspective...

Et la mémoire de la dégustation? me demanderez-vous. Rien n'a bien changé depuis que Marcel Proust a écrit: «Mais, quand d'un passé ancien rien ne subsiste, après la mort des autres, après la destruction des choses, seules, plus frêles mais plus vivaces, plus immatérielles, plus persistantes, plus fidèles, l'odeur et la saveur restent encore longtemps, comme des âmes, à se rappeler, à attendre, à espérer, sur la ruine de tout le reste, à porter sans fléchir, sur leur gouttelette presque impalpable, l'édifice immense du souvenir.» C'est beau, n'est-ce pas? Oui, comme le bon vin.

LE VIN ET LA SANTÉ

Après le pain, vient le vin, second aliment donné par le Créateur
à l'entretien de cette vie et le premier célébré pour son excellence.
Bu en grande quantité, il endort et tue l'ivrogne, et au contraire,
il aiguise l'esprit, pris selon son légitime usage.

OLIVIER DE SERRES

Nous allons aborder ici une problématique importante: la relation entre le vin et notre santé.

Pour ce faire, nous analyserons de façon critique les résultats des études épidémiologiques et des travaux expérimentaux qui montrent comment une consommation modérée de vin permet de vieillir en bonne santé.

Nous limiterons notre propos à deux types de pathologies pour lesquelles des investigations expérimentales étayent les résultats des études épidémiologiques: les affections cardiovasculaires et la démence d'Alzheimer.

Même si certaines études ont été consacrées aux effets du vin rouge dans d'autres affections (cancer et diabète, par exemple), les données de la littérature à leur sujet sont par trop fragmentaires et parfois aussi contradictoires.

Un raccourci historique

Très tôt dans l'Antiquité, le vin a été considéré comme un médicament. Le papyrus d'Ebers, du nom de l'égyptologue allemand à qui il a été vendu en 1922, et qui date de 1500 av. J.-C., atteste qu'à cette époque, le vin entrait dans la composition de nombreux remèdes à base de plantes, essentiellement en tant qu'excipient pour en extraire les principes actifs. Cette utilisation du vin comme solvant pour dissoudre les molécules pharmacologiquement actives a eu la vie longue, puisque aujourd'hui encore on s'en sert pour fabriquer certains vermouths, dont certains sont à base de plantes.

Au ve siècle av. J.-C., Hippocrate, le père de la médecine, consacre une partie de sa pratique médicale sur l'île de Cos à l'étude des propriétés thérapeutiques et aux effets physiologiques des différents types de vin. Il les prescrit comme diurétique, antiseptique ou fortifiant.

Quelques siècles plus tard, lorsque Rome étend son hégémonie à tout le monde méditerranéen, de nombreux Grecs instruits dont certains médecins vont influencer la vie quotidienne des Romains, jusque-là relativement austère. Parmi ceux-ci, Asclépiade (124-40 av. J.-C.), convaincu que le pouvoir des dieux *peut à peine égaler les bénéfices que le vin apporte*, crée une école des médecins prescripteurs de vin. Galien de Pergame (131-201 ap. J.-C.), quant à lui, expérimente les propriétés antiseptiques du vin dans une école de gladiateurs avant de concevoir la thériaque, justement une préparation galénique, pour l'empereur Marc Aurèle. Remède universel, antidote des poisons les plus divers et les plus violents, cette macération vineuse de quelque 150 ingrédients figurera encore dans certaines pharmacopées au XIXe siècle.

Entre-temps, à l'École de Salerne au XIIIe siècle, Arnaud de Villeneuve perfectionne l'alambic et la distillation de l'alcool. Il introduit «cette eau d'immortalité» dans la pharmacopée. Ambroise Paré (vers 1510-1590), le père de la chirurgie, expérimentera ses propriétés désinfectantes et antiseptiques sur les champs de bataille au XVIe siècle, et de conclure: «Je le pansai et Dieu le guérit.»

Plus près de nous, en 1934, les médecins prescripteurs des vins de Bordeaux discutaient encore de la voie d'administration, de la posologie, des indications thérapeutiques et leur contraire des rouges du Médoc, des blancs secs de Pessac-Léognan et des blancs botrytisés de Sauternes... *Nihil novi sub sole* depuis Asclépiade.

Au cours de la deuxième partie du XXe siècle, la chimie de synthèse entre dans le domaine des médicaments comme dans celui des pesticides. C'est à cette époque aussi que disparaissent progressivement les préparations galéniques à base de vin au profit de molécules de synthèse, complexes certes mais pas toujours plus efficaces, parfois plus toxiques et toujours plus chères.

C'est justement à la fin du dernier siècle, le 17 novembre 1991 plus exactement, que les téléspectateurs nord-américains, certains encore marqués par la prohibition, apprenaient avec grande surprise, en regardant l'émission *Sixty Minutes* sur la chaîne CBS, que le vin a un pouvoir magique, celui de prévenir les maladies cardiovasculaires. Ainsi, le concept du *paradoxe français*, énoncé avec moins de bruit et plus de nuances dès 1981 par le Pr J. L. Richard, entrait dans le monde des médias: «Si on en a parlé à la télévision, c'est que c'est vraiment vrai», m'a dit ma voisine.

Pendant les mois qui ont suivi, la consommation de vin a augmenté de 39% aux États-Unis. Les commentaires des différents chroniqueurs et les statistiques de l'époque ne mentionnent cependant pas la nature du vin, ni son niveau de consommation par habitant. De plus, nous ne savons pas si cette consommation accrue de la potion magique a été accompagnée d'une diminution proportionnelle de deux facteurs de risque importants: le tabagisme et la consommation de gras animal, et ce, au profit d'une adoption du régime méditerranéen, déjà défini à cette époque.

Depuis, de nombreux travaux épidémiologiques et expérimentaux ont été consacrés au pouvoir cardioprotecteur du vin et de ses constituants. Ces mêmes études ont aussi contribué à une meilleure compréhension de la physiopathologie et de la prévention des affections cardiovasculaires. Elles ont en outre permis d'appréhender le rôle central que joue la réaction inflammatoire chronique dans le déclenchement et l'évolution des affections dégénératives liées à l'âge: affections cardiovasculaires bien sûr, mais également cancer, maladie d'Alzheimer et dégénérescence maculaire, par exemple.

À l'heure actuelle encore, différents livres consacrés à la thérapie par le vin sont publiés. Le plus souvent anecdotiques, ils ne tiennent pas nécessairement compte des données scientifiques objectivant cette relation entre une consommation modérée de vin et le maintien d'une bonne santé. Pourtant, ce domaine est important, et regorge d'informations scientifiques. Ainsi, la banque de données Pubmed contient quelque 1500 publications consacrées à la relation entre la consommation modérée de vin et la santé. C'est de ces articles scientifiques que j'ai extrait l'information objective qui suit, pour notre santé, chers amis œnophiles.

La réaction inflammatoire et les affections chroniques

Avec les barrières naturelles du corps et leurs constituants chimiques, la réaction inflammatoire locale est un des mécanismes innés qui nous protègent contre les agresseurs dispersés dans notre environnement. Ces agents d'agression sont de diverses natures: infectieuse, chimique ou physique. Il peut s'agir également d'un traumatisme interne, par exemple une ischémie tissulaire causée par un infarctus du myocarde, une nécrose associée à une pancréatite aiguë ou une destruction de cellules tumorales durant une chimiothérapie. La réaction inflammatoire locale a pour mission première de limiter les dégâts: éliminer l'agent d'agression ou en réduire la quantité, débarrasser notre organisme des débris cellulaires et tissulaires en utilisant un mécanisme physiologique aussi efficace que redoutable: la phagocytose par les leucocytes. Une fois le terrain nettoyé, la cicatrisation et la guérison peuvent se faire. Dans ce cas, on parle de réaction inflammatoire locale aiguë, car limitée dans le temps.

Il peut arriver cependant que la phagocytose soit incapable de venir à bout de l'agent d'agression ou des débris cellulaires, la lésion étant trop importante ou sa formation étant continue. La réaction inflammatoire locale va alors se prolonger dans le temps: elle dure plusieurs semaines, voire des mois et des années; elle devient chronique. Au niveau du foyer inflammatoire cohabitent l'agresseur, les débris cellulaires, des leucocytes et des tentatives de guérison avortées. Cette chronicité de la réaction inflammatoire locale pourrait être sans grandes conséquences pour notre organisme si elle n'était pas accompagnée de dommages collatéraux, comme pour les pesticides, au niveau des cellules et des tissus environnants, pouvant ainsi détruire les cellules saines et même le tissu, conduisant irrémédiablement à la perte de la fonction.

C'est une réaction inflammatoire locale chronique qui nous intéresse ici. Elle est maintenant considérée comme le mécanisme princeps des affections liées à l'âge. Ce même foyer inflammatoire est aussi la cible potentielle du vin et de ses constituants polyphénoliques.

Mécanismes cellulaires et moléculaires de la réaction inflammatoire locale aiguë

La réaction inflammatoire locale est caractérisée par une dilatation des capillaires artériels et une augmentation du flux sanguin vers le site de l'agression, responsables de la rougeur et de la chaleur macroscopiques, décrites par Celse au I[e] siècle de notre ère. Celles-ci sont provoquées par différents médiateurs chimiques, en particulier le monoxyde d'azote (NO) et l'histamine.

Une modification de la perméabilité vasculaire permet le passage de protéines et de cellules sanguines vers le site inflammatoire. Les globules blancs vont gagner ce dernier en plusieurs étapes, par un mécanisme aujourd'hui connu.

Ces leucocytes jouent un rôle central dans la phase aiguë de l'inflammation et dans son évolution vers la chronicité; ils sont les acteurs principaux de la phagocytose. Les polynucléaires neutrophiles d'abord, les macrophages ensuite dégradent et digèrent les agresseurs et le tissu nécrosé; ils produisent aussi des facteurs de croissance impliqués dans la réparation tissulaire. Ce sont ces mêmes cellules qui, si le stimulus est trop important, vont attaquer les tissus normaux de l'hôte. De même que la migration des leucocytes, la reconnaissance des microorganismes et du tissu mort est médiée par des récepteurs spécifiques. Elle est suivie de l'activation des leucocytes et de la phagocytose proprement dite.

La phagocytose est un processus complexe qui implique la formation d'un phagosome, c'est-à-dire une vacuole qui enferme la particule à digérer. Ce phagosome fusionne alors avec un lysosome, organelle cellulaire qui y décharge son contenu enzymatique avec pour conséquence la dégradation de l'agent d'agression. Cette phagocytose s'accompagne aussi de la formation de dérivés instables de l'oxygène et donc très réactionnels (les espèces réactionnelles oxygénées: les DRO, les dérivés réactifs de l'oxygène) et espèces réactives dérivées de l'azote (DRN, les dérivés réactifs de l'azote).

Que sont ces DROs? Ce sont par définition des radicaux libres, c'est-à-dire des espèces chimiques instables qui ont un ou plusieurs électrons libres, non pairés. Ces DROs sont produits par un complexe enzymatique appelé «oxydase phagocytaire», lequel réduit O_2 en anions superoxydes O_2^- produits à l'intérieur des phagosomes. Les O_2^- sont transformés en peroxyde d'hydrogène, l'eau oxygénée, si vous préférez (H_2O_2), qui en présence d'une autre enzyme (la myéloperoxydase) et d'un anion chlorure (Cl^-) est converti en hypochlorite (OCl^-), l'ingrédient de l'eau de Javel et de nombreux désinfectants ménagers. Ces deux espèces chimiques (H_2O_2 et OCl^-) «lavent plus blanc que blanc», comme aurait dit Coluche.

À côté des DROs, il y a d'autres espèces réactives dérivées de l'azote (les DRNs), dont certains dérivés du monoxyde d'azote, le NO. Le NO est lui-même produit par une enzyme, la NO synthéthase, à partir de l'arginine; il réagit avec O_2^- pour produire le radical peroxynitrite ONOO. Les DROs et les DRNs sont des molécules issues d'un métabolisme normal. Ce n'est que lorsque la formation des leucocytes devient incontrôlée, autrement dit anarchique, que leur activité peut déborder et causer des dommages aux tissus environnants. Donc de défenseurs, les leucocytes deviennent agresseurs, et leur action devient délétère pour l'organisme. Il y a alors autodestruction par dénaturation oxydative de molécules vitales: les lipides, les protéines et les acides nucléiques. Ces DROs et ces DRNs sont donc au cœur de diverses maladies, comme le cancer, les maladies cardiovasculaires et les maladies neurologiques dégénératives.

Qu'elle soit aiguë ou chronique, la réaction inflammatoire locale s'accompagne d'un ensemble de symptômes qui caractérisent la réaction inflammatoire systémique, dans l'organisme entier. Le plus connu de ces signes est la fièvre. Il en existe d'autres comme l'augmentation des globules blancs ou la modification de la synthèse hépatique de certaines protéines. Nous verrons plus loin l'importance du fibrinogène, protéine de la coagulation, et de la protéine C réactive (CRP), qui est impliquée dans la phagocytose, dans l'évaluation du risque cardiovasculaire et du pouvoir cardioprotecteur du vin.

Les antioxydants

Le Pr Barry Halliwell définit un antioxydant comme « une substance qui prévient, retarde ou supprime la dénaturation d'une molécule cible par un radical libre ».

Un antioxydant est donc une molécule qui a le sens du sacrifice : elle s'interpose pour qu'une molécule vitale (lipide, protéine ou acide nucléique) échappe à l'action dénaturante d'un DRO ou d'un DRN et ait la vie sauve.

Les antioxydants sont parfois considérés comme un élixir de jeunesse, un gage d'immortalité. Pourquoi pas ? En effet, on sait que les embaumeurs égyptiens, très talentueux, avaient recours à différentes décoctions végétales. Certains chercheurs estiment que l'état de conservation des momies serait dû, en partie, au pouvoir antioxydant de ces macérations vineuses utilisées pour immortaliser les pharaons, à défaut de leur faciliter le passage dans l'au-delà.

Pour se protéger contre le stress oxydatif, autrement dit la toxicité de l'oxygène et de ses dérivés instables, l'organisme bénéficie de mécanismes antioxydants naturels. Ce sont des enzymes qui métabolisent les radicaux libres en une espèce chimique plus stable ; parmi celles-ci, citons la superoxyde dismutase (SOD). Il s'agit aussi de molécules présentes dans le sang circulant ou contenues dans un tissu, et qui agissent comme piégeurs de radicaux libres : vitamine C et E, acide urique, glutathion réduit (GSH) et autres molécules renfermant un résidu sulfhydryle (-SH) mais également l'albumine. Un rapport équilibré entre oxydants et antioxydants est observé dans des conditions physiologiques normales. La valeur de ce rapport est augmentée dans une réaction inflammatoire chronique, chez le fumeur par exemple mais aussi chez la personne âgée. On parle alors de stress oxydatif. À ce moment, notre organisme devient stressé, agressé par les radicaux libres qui peuvent attaquer les molécules vitales, entraînant ainsi la mort cellulaire. Une oxydation des lipoprotéines de bas poids moléculaire, qui transportent le mauvais cholestérol (LDL pour *low density lipoproteins*), est considérée comme un des mécanismes conduisant au développement de la plaque athéromateuse. Un déséquilibre oxydant-antioxydant associé à un foyer inflammatoire chronique au niveau du cerveau caractérise la démence d'Alzheimer. L'oxydation de l'ADN est quant à elle à l'origine de mutations, source de la carcinogenèse.

D'autres antioxydants sont apportés par notre alimentation: ce sont essentiellement les caroténoïdes et les polyphénols présents dans les légumes, les fruits et, bien sûr, le vin. Ces polyphénols responsables de la couleur et de l'astringence du vin se retrouvent en plus grande concentration dans le vin rouge que dans le vin blanc, nous l'avons vu. Ils doivent leur pouvoir antioxydant, du moins en théorie, à leur structure chimique (nature polyinsaturée et présence de groupements hydroxyles) qui leur permet de réagir avec les électrons libres des DROs et des DRNs.

Différentes méthodes ont été mises au point pour mesurer le pouvoir antioxydant de ces polyphénols en laboratoire. Il faut cependant bien ceci garder à l'esprit: le pouvoir antioxydant d'un polyphénol est mesuré par une réaction chimique, dans un tube à essai, en dehors de l'organisme vivant; il dépend donc de la nature, des propriétés analytiques du test utilisé (en particulier sa sensibilité) et aussi de ce que veut montrer l'expérimentateur, du moins dans certains cas et surtout si la molécule élue a un potentiel commercial!

Mécanismes antioxydants des polyphénols du vin

Le mécanisme qui consiste à piéger les radicaux libres peut, du moins en théorie, expliquer le pouvoir antioxydant des polyphénols du vin. En effet, ces polyphénols sont *in vitro* des antioxydants plus puissants que les vitamines C et E.

C'est très bien, cela, mais qu'en est-il *in vivo*? Il est évident que, pour atteindre notre circulation sanguine, les polyphénols apportés par l'alimentation, et en particulier ceux du vin, doivent être absorbés au niveau intestinal. Leur niveau d'absorption, variable en fonction de la nature de la molécule, est relativement faible. On peut dire que plus la structure du polyphénol est complexe, plus son absorption est faible et, donc, plus basse est sa concentration sanguine, jusqu'à être indétectable après consommation d'un verre de pinot noir, par exemple. C'est justement cette faible biodisponibilité qui fait dire à certains auteurs que même si ces molécules sont des antioxydants puissants *in vitro*, leur faible concentration sanguine rend leur mission de piégeur de radicaux libres impossible dans l'organisme entier et donc au niveau du foyer inflammatoire.

Alors, que faire pour réconcilier le pouvoir antioxydant des polyphénols avec leur faible biodisponibilité? À mon sens, différentes démarches s'imposent, du moins dans l'état actuel de nos connaissances.

Tout d'abord, il nous faut considérer que les polyphénols de notre verre de vin sont métabolisés au niveau intestinal avant d'être absorbés. Ce métabolisme conduit à la formation de molécules plus simples, dont certaines, aussi douées de propriétés antioxydantes, franchissent plus facilement la barrière intestinale. C'est le cas notamment des proanthocyanidines dont un des métabolites, l'acide phénylacétique, a été identifié dans le sang circulant. Dans ce domaine, beaucoup reste à faire.

On peut imaginer d'autres mécanismes plus indirects que celui de piégeur de radicaux libres par lesquels ces polyphénols exerceraient leur pouvoir antioxydant. Plusieurs auteurs ont émis l'hypothèse qu'ils pourraient exercer leur effet antioxydant de façon indirecte en participant au recyclage des antioxydants endogènes (glutathion, urate, vitamines C et E). Des polyphénols comme la quercétine et la catéchine ont également la capacité de complexer certains ions comme le cuivre et le fer, cofacteurs du stress oxydatif. Ces polyphénols pourraient aussi être incorporés dans certaines protéines qu'ils pourraient protéger contre le stress oxydatif, comme certaines lipoprotéines, les LDL : affaire à suivre.

Enfin, les polyphénols du vin pourraient avoir une action beaucoup plus complexe sur la régulation de la réaction inflammatoire. Plutôt que de piéger les produits finaux, les radicaux libres, ces polyphénols agiraient directement au niveau des gènes responsables de la synthèse des protéines impliquées dans la régulation du foyer inflammatoire, augmentant la synthèse de certaines protéines anti-inflammatoires, et réprimant celle d'autres protéines pro-inflammatoires. Cette interaction des polyphénols avec le génome humain est précisément un des sujets au cœur de la science naissante qu'est la nutrigénomique.

Ces différentes hypothèses montrent combien est complexe ce pouvoir antioxydant des polyphénols de notre alimentation en général et ceux du vin en particulier. Un travail expérimental important reste à faire pour démontrer *in vivo* une efficacité des propriétés antioxydantes des polyphénols du vin, notamment du vin rouge.

En raison de la complexité de ce mécanisme, certains auteurs, plutôt que de s'intéresser au pouvoir antioxydant de tel ou tel polyphénol, ont préféré mesurer *in vitro* l'indice antioxydant du plasma humain, reflet indirect et global du pouvoir antioxydant d'un ensemble de polyphénols. Celui-ci est censé augmenter proportionnellement avec la quantité de vin et c'est bien ce qui se passe. En effet, des chercheurs ont mesuré une augmentation de l'indice antioxydant du plasma de 6,2% après l'absorption de 100 ml de vin, de 19,5% pour 200 ml et de 28,9% pour 300 ml, et ces auteurs d'ajouter que c'est l'effet de l'alcool qui les a empêchés de monter plus haut en volume. Ces mêmes chercheurs ont observé cet effet plus élevé en présence de vin lorsqu'il est comparé à la même quantité de polyphénols absorbés sans alcool. Ce dernier, effectivement, favoriserait la mise en solution et l'absorption de ces molécules. Mais, rappelons-le, il s'agit là de la mesure du pouvoir antioxydant dans un tube à essai.

La consommation modérée et la prévention des maladies cardiovasculaires

Par affections cardiovasculaires, on désigne l'ensemble des maladies touchant le cœur et les vaisseaux, principalement l'infarctus du myocarde et les accidents vasculaires cérébraux. Ils constituent encore à l'heure actuelle une cause importante de mortalité, sinon la principale cause de mortalité dans les pays industrialisés.

La cardioprotection: preuves épidémiologiques

Dans un article publié en 1979 dans la revue anglaise *The Lancet*, le Pr A. S. Saint-Léger et ses collaborateurs analysent les résultats de données épidémiologiques sur les causes de décès par insuffisance coronarienne aiguë, principalement l'infarctus du myocarde, dans 18 pays industrialisés dont la France. Leurs observations portent sur un groupe important de femmes et d'hommes âgés entre 35 et 64 ans suivis sur une période de dix ans.

Cette étude montre, entre autres, une relation inverse entre la consommation d'alcool sous forme de vin et la mortalité cardiovasculaire, cet effet étant particulièrement important en France, et ce, malgré un important apport alimentaire en gras saturés.

Les résultats de cette étude sont résumés de façon un tantinet simpliste dans la notion de *paradoxe français*, qui peut être de la façon suivante : malgré un apport de graisses saturées semblable à celui des autres pays industrialisés, le taux de mortalité par cardiopathies ischémiques en France est plus bas que celui rapporté dans les 17 autres pays de l'OCDE faisant partie de cette étude.

Ce concept de paradoxe français ne semble pas nouveau cependant. Au début du XIXe siècle, Samuel Black, un médecin irlandais, observait déjà que l'angine de poitrine était moins fréquente en France que dans son pays. Il attribuait cette constatation « épidémiologique » aux habitudes et au mode de vie des Français.

Des études épidémiologiques subséquentes, dont l'étude MONICA (MONItoring of trends and determinants of CArdiovascular diseases) menée par l'OMS sur 38 cohortes dans 21 pays, mettent en évidence une absence de spécificité française, mais plutôt un gradient, un axe Nord-Sud dans l'incidence des affections cardiovasculaires fatales. Autrement dit, l'incidence de l'infarctus, plus élevée dans le Nord que dans le Sud, est toutefois semblable dans des régions de même latitude, mais situées dans des pays différents. C'est pourquoi certains épidémiologistes, comme le Pr Ducimetière, préfèrent plutôt parler d'un paradoxe Nord-Sud, enterrant ainsi le paradoxe français.

Cette notion de gradient Nord-Sud dans l'incidence des affections cardiovasculaires avait déjà été formulée à l'issue de l'étude Seven Countries, dont ne faisait pas partie la France. Rappelons que de cette étude est né le concept du régime méditerranéen, sans cependant tenir compte de l'effet cardioprotecteur potentiel de la sieste.

À la lumière de ces précisions, nous pouvons nous poser la question suivante : ce concept de paradoxe français serait-il un argument de marketing comme l'a été en son temps l'effet cardioprotecteur du whisky écossais ?

Les études épidémiologiques plus récentes ont permis de dégager deux types de renseignements supplémentaires importants quant à l'effet cardioprotecteur potentiel du vin rouge.

Différentes investigations portant sur plusieurs milliers d'individus, hommes et femmes, d'âge moyen ou plus âgés, tant en Amérique du Nord qu'en Europe, ont confirmé le pouvoir cardioprotecteur de l'alcool. Cependant, la relation entre la quantité d'alcool consommée et la diminution du risque de mourir d'une affection coronarienne aiguë n'est pas linéaire. En fait, la relation a la forme d'un J pour certains auteurs et d'un U pour d'autres. Comment interpréter cette courbe? Si le risque relatif de développer un infarctus aigu est de 100% pour une personne abstinente, il diminue progressivement jusqu'à atteindre entre 60 et 70% pour une consommation régulière de 2 à 3 verres par jour chez l'homme et de 1 à 2 verres chez la femme. Un verre contient de 10 à 15 g d'alcool, soit 30 ml de spiritueux (40% d'alcool), 120 ml de vin (12-13% d'alcool) et 250 ml de bière (4% d'alcool).

Pour une consommation supérieure, les effets secondaires de l'alcool augmentent et par conséquent la mortalité qui leur est associée également, mortalité cardiovasculaire bien sûr, mais aussi toutes causes confondues. Ces observations confirment donc la citation de Paracelse au XIVe siècle: «*Sola dosis fecit venenum.*» Il parlait en connaissance de cause.

Autre renseignement fourni par ces études: la régularité de cette consommation modérée et non une consommation massive durant la fin de semaine, par exemple.

Ces recherches ont en outre montré qu'une consommation modérée et régulière d'alcool est susceptible d'avoir une influence positive sur certains facteurs protecteurs contre les affections cardiovasculaires. C'est le cas des HDL (le bon cholestérol) et de la sensibilité à l'insuline.

Voici donc pour l'alcool, mais qu'en est-il pour la consommation de vin, de vin rouge en particulier?

Une étude épidémiologique menée au Danemark (peut-on encore parler de paradoxe français?) et portant sur plus de 20 000 hommes et femmes confirme le pouvoir protecteur d'une consommation modérée de vin, mais de plus montre que le vin et, d'une façon moindre, la bière réduisent les risques de décès par affection coronarienne aiguë, à la différence des spiritueux qui n'ont aucun effet cardioprotecteur. Ces résultats ont été confirmés par d'autres études, dont une menée dans l'est de la France et une autre en Californie. Cependant, cette supériorité cardioprotectrice du vin mérite quelques précisions.

D'une part, cette particularité du vin ne fait pas l'unanimité chez les épidémiologistes, ni l'affaire des marchands de bières et de spiritueux. D'autre part, certains auteurs ont attribué ce pouvoir cardioprotecteur à d'autres facteurs environnementaux qui peuvent être associés à une consommation régulière et modérée de vin: le niveau d'éducation, l'absence de tabagisme, la pratique régulière d'exercice physique et, enfin, une alimentation de meilleure qualité; autrement dit, une meilleure qualité de vie. Ainsi, une étude danoise a comparé les listes d'épicerie de personnes qui consomment régulièrement et modérément du vin avec celles de buveurs de bière. Les auteurs ont observé que la liste d'épicerie des premiers était essentiellement composée d'aliments santé tels qu'ils figurent dans le régime dit méditerranéen (olives, légumes, fruits, lait écrémé, yogourt) alors que celle des seconds comportait surtout des aliments à haut pouvoir calorique potentiellement athérogènes (plats préparés riches en sel et en gras saturés, chips, sucreries, etc.).

Lorsque ces différents facteurs, sources de biais, sont pris en compte, cette courbe en U persiste. Donc, le pouvoir cardioprotecteur d'une consommation modérée et régulière de vin rouge existe bel et bien.

Ces observations épidémiologiques, et d'autres de nature expérimentale dont nous allons parler, ont amené les instances de santé publique mais aussi de grandes institutions hospitalières à inscrire, après avis médical, cette consommation modérée de vin rouge dans leurs recommandations diététiques.

Pour ma part, je remarque qu'aucune de ces études ne fait référence à la qualité du vin consommé, à la nature du cépage, aux méthodes de viticulture et de vinification, bref, à tout ce qui fait que le vin que nous buvons est du bon vin, un produit de la bonne vigne et du bon travail de l'homme.

Preuves expérimentales du pouvoir cardioprotecteur du vin

De très nombreuses études de nature expérimentale sont consacrées aux différents facteurs susceptibles d'expliquer le pouvoir cardio-protecteur d'une consommation modérée et régulière de vin rouge.

Avant d'aborder l'analyse de ces travaux, il nous faut rappeler brièvement les mécanismes pathologiques sous-tendant les maladies coronariennes. En fait, celles-ci sont l'aboutissement clinique d'une réaction inflammatoire chronique silencieuse qui attaque la paroi artérielle. Ce foyer inflammatoire, que nous avons décrit plus haut, porte le nom de plaque athéromateuse. Celle-ci, loin d'être inerte, est en fait le siège d'une activité métabolique intense où phagocytose et stress oxydatif occupent une place centrale. La plaque athéro-mateuse se développe en réponse à l'agression chronique de l'endo-thélium par différents agents environnementaux et métaboliques, appelés «facteurs de risque» (produits de combustion de la fumée de cigarette, hypercholestérolémie, LDL oxydées et hypertension artérielle, par exemple). Sous les coups répétés de ces agresseurs, l'endothélium perd son élasticité, ses propriétés vasodilatatrices et son pouvoir anticoagulant, ce qui conduit à la formation d'un throm-bus et à l'obstruction partielle ou totale du vaisseau.

Voyons maintenant quelles sont les preuves expérimentales qui confirment le pouvoir cardioprotecteur du vin rouge et de ses constituants par l'étude de leurs effets sur les trois cibles qui peuvent être associées aux affections cardiovasculaires: le stress oxydatif, l'endothélium vasculaire et la coagulation sanguine.

POUVOIR ANTIOXYDANT DU VIN. ◆ Le vin, surtout rouge, par ses composés polyphénoliques, a des propriétés antioxydantes. Nous avons vu plus haut que ces propriétés sont évidentes *in vitro* et qu'elles sont plus puissantes que celles d'autres antioxydants naturels comme la vitamine E. C'est d'ailleurs ce qu'ont montré N. Kerry et M. Abbey. Ces deux chercheurs de l'Université d'Adélaïde, en Australie, ont fait incuber du plasma humain avec du cabernet sauvignon ayant une concentration en polyphénols bien définie, mais aussi avec différentes fractions polyphénoliques extraites de ce même vin. Ils ont observé une incorporation de ces polyphénols au sein des LDL et une diminution de leur oxydation lipidique lorsqu'ils les ont fait incuber ensuite avec divers oxydants. Cette diminution de l'oxydation des LDL était associée à une diminution de la phagocytose de ces lipoprotéines par les macrophages. Cet effet protecteur était particulièrement marqué pour les catéchines et les anthocyanes.

Ces résultats en confirment d'autres, obtenus avec d'autres cépages, la petite syrah par exemple. Ces études mesurant le pouvoir antioxydant *in vitro* pourraient montrer que lorsqu'il est confirmé *in vivo*, une consommation modérée de vin protégerait la paroi vasculaire contre le pouvoir athérogène des LDL oxydées. N'en tirons pas trop vite de conclusion; souvenons-nous des remarques et des réserves émises plus haut au sujet de la biodisponibilité de ces polyphénols.

Des résultats préliminaires, certes encourageants, ont été cependant obtenus chez l'animal de laboratoire. Ainsi, un traitement de six semaines avec des polyphénols du vin a permis d'observer leur effet protecteur sur le développement de la plaque athéromateuse. Cette régression est aussi associée à une sensibilité moindre des LDL à l'oxydation. Ce mécanisme protecteur serait-il dû à une incorporation des flavonoïdes au sein des LDL? C'est une explication possible, mais qui reste à être vérifiée. Attention, toutefois, à la dose utilisée.

Chez l'homme, une étude publiée dans le *British Journal of Nutrition* en 2011 mérite une attention particulière. Des chercheurs italiens ont observé que l'absorption de 300 ml de vin rouge, dont la teneur en polyphénols était exactement connue, en même temps qu'un cheeseburger, dont on connaissait également le poids et la teneur en gras saturés, permet de réduire la quantité de lipides oxydés comme l'oxycholestérol pendant la période postprandiale.

À l'heure actuelle, cependant, il n'existe aucune preuve définitive que la consommation régulière et modérée de vin diminue la plaque athéromateuse ou en ralentit le développement chez l'homme.

LE VIN ET LA FONCTION ENDOTHÉLIALE. ◆ L'endothélium vasculaire n'est plus considéré comme une simple couche de cellules destinées à contenir le flux sanguin, mais bien comme un organe important, à un double point de vue. D'un point de vue quantitatif tout d'abord, on estime son étendue à plusieurs milliards de cellules, couvrant une surface aussi grande que celle d'un terrain de football. Comparaison n'est pas raison, me direz-vous, l'épithélium olfactif a la surface d'un timbre-poste! D'un point de vue fonctionnel, l'endothélium assure l'élasticité des vaisseaux sanguins; il est le siège d'une activité métabolique intense, permettant en particulier la synthèse du monoxyde d'azote (NO) dont nous avons déjà parlé. Celui-ci est un vasodilatateur puissant; il inhibe l'adhésion des plaquettes (et donc la formation du thrombus) et des leucocytes à l'endothélium. Il empêche la prolifération des cellules impliquées dans le développement de la plaque athéromateuse.

Au cours du développement de la plaque athéromateuse, et sous l'assaut répété des différents facteurs de risque, l'endothélium perd son élasticité, donc sa capacité de se dilater, et son activité anti-inflammatoire au profit de la synthèse de substances vasoconstrictrices telle l'endothéline. Il cesse d'être protecteur pour devenir dangereux. À cette dysfonction endothéliale est associée une progression de la plaque athéromateuse et une dégradation de la fonction cardiovasculaire. C'est à ce moment que peuvent intervenir certains agents pharmacologiques destinés à retarder la survenue de l'accident cardiovasculaire.

Voyons maintenant quelles sont les preuves montrant que le vin a un effet protecteur sur l'endothélium vasculaire.

Différentes preuves expérimentales confirment un effet des polyphénols du vin sur l'endothélium. Ces résultats font l'objet d'une littérature scientifique importante; nous en avons extrait les articles les plus représentatifs pour illustrer notre propos de façon didactique.

Les premières preuves d'un pouvoir vasodilatateur du vin rouge et de certains de ses polyphénols ont été obtenues *ex vivo* sur des vaisseaux isolés.

Dès 1993, le Dr Fitzpatrick et son équipe rapportaient dans le *American Journal of Physiology* que différents vins rouges (cabernet sauvignon, pinot noir), mais non des vins blancs (chardonnay, sauvignon) ni l'éthanol, ont la capacité de dilater des anneaux aortiques de rats, dans les conditions expérimentales décrites. Cette dilatation est dépendante de l'endothélium et de la production de NO. Cette observation est importante. En effet, nous savons maintenant que le NO joue un rôle central dans la cardioprotection; certains médicaments à base de nitroglycérine sont précisément utilisés pour en augmenter la concentration locale. Outre un effet vasodilatateur et antiagrégant plaquettaire, il diminue aussi l'expression de gènes codant pour des protéines pro-inflammatoires et limite la prolifération des cellules musculaires lisses, deux phénomènes centraux dans le développement de la plaque athéromateuse.

Ces résultats ont été confirmés pour des artères coronaires humaines. Le Pr Flesh et ses collaborateurs, dans un article publié dans le même journal dix ans plus tard, établissent que le type de vin, la nature du cépage, mais également le mode de vinification ont une influence sur ces propriétés vasodilatatrices médiées par le NO. Ainsi, ils montrent l'importance du contact du jus de raisin avec la rafle ainsi que celle d'un élevage en fût de chêne, deux façons de faire propres à enrichir le vin en différents types de polyphénols. La dilatation de l'artère coronaire humaine provoquée par un châteauneuf-du-pape ou un bordeaux rouge élevés en fût de chêne est plus importante que celle qui est provoquée par un beaujolais nouveau n'ayant connu que la cuve d'acier inoxydable. Quant à la vasodilatation provoquée par un rioja blanc ou un riesling de la Moselle, elle est négligeable, tout comme leur teneur en polyphénols.

Deux faits importants sont à souligner dans ces études menées avec soin. D'une part, les effets mesurés ne dépendent pas de la présence de l'alcool. D'autre part, les effets pharmacologiques mesurés sont étroitement associés à la nature, à la qualité du vin. Ces deux points constituaient des zones d'ombre dans les études épidémiologiques, nous l'avons souligné.

D'autres équipes ont poussé plus loin ces observations et ont tenté d'élucider les mécanismes moléculaires menant à la libération de NO et à la vasodilatation subséquente. Ainsi, une équipe de chercheurs strasbourgeois a utilisé une approche cellulaire à cette fin, mais aussi un extrait sec de vin des Corbières dont la composition en polyphénols a été soigneusement caractérisée. Dans un travail expérimental rigoureux, ces auteurs ont montré que les polyphénols de ce vin augmentent la synthèse de la NO synthase, enzyme responsable de la synthèse du NO à partir de l'arginine. Ils ont en outre élucidé les mécanismes intracellulaires conduisant à cet effet potentialisateur. Ces mêmes chercheurs ont montré que cet extrait phénolique a la capacité d'inhiber la prolifération des cellules musculaires lisses, impliquées dans la progression de la plaque athéromateuse.

Aussi importante, nous semble-t-il, la relation entre la nature du cépage et la synthèse de l'endothéline. L'endothéline, rappelons-le,

Le resvératrol

Le resvératrol (figure 10), aussi appelé «viniférine», est une phytoalexine, une molécule de défense, synthétisée dans le grain de raisin en réponse à divers agents d'agression de nature microbienne, parasitaire, mais également physicochimique comme les rayons ultraviolets. Sa synthèse au niveau de la pellicule du raisin augmente donc au moment de la véraison.

Le resvératrol a fait l'objet de très nombreuses publications, et une revue de ses diverses applications thérapeutiques potentielles lui a même été consacrée dans le célèbre *Nature*.

D'autre part, la nature d'un effet pharmacologique mesuré et son contraire semblent dépendre de la dose. Ici également, la parole de Paracelse semble trouver son application: «*Sola dosis fecit venenum!*»

Cet engouement pour le resvératrol me rappelle un peu la triste histoire du β-carotène présent dans le vin en faible quantité, mais en concentration plus élevée dans plusieurs fruits et légumes, dont la carotte. Puissant antioxydant dans des tests de laboratoire, il s'est avéré inefficace, voire dangereux, lorsqu'il a été utilisé dans une étude clinique d'envergure: il augmentait l'incidence de certains cancers plutôt que de la réduire... L'étude clinique fut donc interrompue. C'est du moins ce que nous rapporte le *New England Journal of Medicine*.

Et ce n'est pas tout. Différents échos, repris par Google, nous apprennent ces jours-ci qu'un des papes du resvératrol vient de se faire exclure de l'Université du Connecticut. Pour preuve, ce scientifique s'est fait prendre la main dans la bouteille pour ainsi dire: il a falsifié les résultats de plus de 100 articles scientifiques consacrés aux effets bénéfiques du resvératrol. Lamentable.

FIGURE 10
Structure chimique du trihydroxy-3, 5, 4'-stilbène (resvératrol)

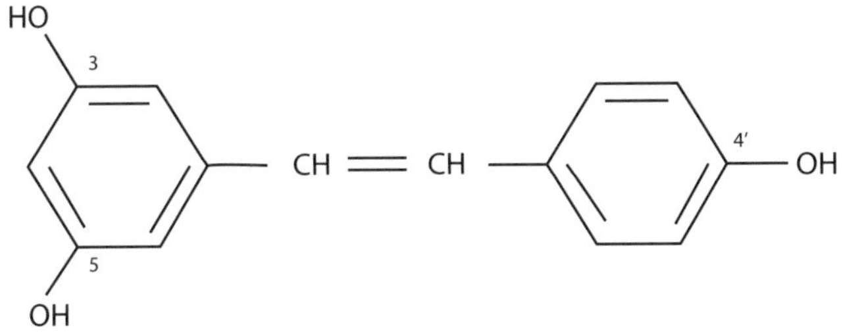

Source: Ribéreau-Gayon, P. *et al.*, 1998.

est un peptide vasoconstricteur synthétisé par la cellule endothéliale lorsqu'elle est agressée par des agents inflammatoires comme ceux issus de la fumée de cigarette. Le Pr R. Corder et son équipe ont montré que différents vins rouges ont un effet inhibiteur sur la synthèse de ce vasoconstricteur puissant par des cellules endothéliales en culture. De plus, ils établissent une relation inverse entre la richesse en tannins condensés également appelés «procyanidines» et la synthèse de ce peptide vasoconstricteur. En d'autres termes, plus le vin rouge est riche en tannins et plus l'effet protecteur est marqué. C'est particulièrement vrai pour le tannat, cépage entrant dans la composition de certains vins du sud-ouest de la France, comme le madiran.

LE VIN ET LA COAGULATION SANGUINE. ◆ Les plaquettes jouent un rôle central dans la formation du thrombus responsable de l'obturation d'une artère qui conduit à l'ischémie et à la mort tissulaire accompagnant l'infarctus du myocarde, par exemple. Ces plaquettes ou thrombocytes pourraient être une cible privilégiée pour les polyphénols du vin rouge. En effet, c'est par ce mécanisme antiagrégant que les Dʳˢ S. Renaud et M. de Lorgeril expliquent certaines observations épidémiologiques relatives au pouvoir cardioprotecteur d'une consommation modérée et régulière du vin rouge.

Pour tenter de valider cette hypothèse, différentes études ont été menées *in vitro*. Effectivement, les polyphénols du vin rouge se sont avérés être des antiagrégants plaquettaires efficaces en inhibant la synthèse du thromboxane A2, un puissant agrégant plaquettaire, par un mécanisme semblable à celui de l'aspirine. Ces effets ont été reproduits chez l'animal de laboratoire et chez l'homme après la consommation régulière et modérée de vin rouge.

La consommation modérée de vin et la démence d'Alzheimer

Décrite pour la première fois en 1907 par le Dr Alois Alzheimer, la démence du même nom est une maladie neurologique dégénérative qui affecte le cortex cérébral. Cause importante, voire principale, de démence liée à l'âge, l'incidence de cette terrible maladie augmente au cours de la vieillesse.

De développement lent, elle se caractérise par une altération de l'humeur et du comportement qui évolue vers la perte de l'orientation, la perte de mémoire et l'aphasie, signe d'une atteinte corticale grave.

Les causes de la démence d'Alzheimer restent incomplètement connues. Certaines formes (5-10%) sont de nature génétique, mais la cause la plus fréquente semble être de nature environnementale.

La maladie d'Alzheimer est associée à une perte progressive des neurones au niveau de la matière grise et à la présence de plaques neuritiques (ou plaques séniles), composées essentiellement d'amyloïde β (Aβ), peptide dérivé d'un précurseur, une protéine transmembranaire de haut poids moléculaire et de fonction encore mal définie, le précurseur de la protéine amyloïde (PPA). La substance Aβ existe sous deux formes: Aβ40 et Aβ42 qui partagent la même extrémité aminoterminale, mais diffèrent par leur partie carboxy-terminale. Ces fragments Aβ40 et Aβ42 résultent de la coupure anormale du PPA par une β-sécrétase au lieu d'une α-sécrétase normale, conduisant ainsi aux agrégats Aβ et finalement aux fibrilles amyloïdes. Une γ-sécrétase scinde le PPA au niveau intramembranaire.

Le mécanisme par lequel les dépôts de peptides Aβ exercent leur neurotoxicité n'a pas encore livré tous ses secrets, mais on sait qu'ils contribuent à des lésions et donc à une dysfonction neuronale accompagnées d'une réaction inflammatoire locale et d'un stress oxydatif, lesquels sont responsables de lésions au niveau des neurones et d'une phosphorylation anormale de la protéine τ qui forme des dépôts intracellulaires microfibrillaires.

La présence d'autres protéines au niveau de ces lésions appelées «plaques diffuses» atteste de la nature inflammatoire des plaques neuritiques.

Ces anomalies conduisent progressivement à une diminution de la transmission nerveuse médiée par l'acétylcholine.

Le vin et la démence d'Alzheimer: une approche épidémiologique
L'importance de la maladie d'Alzheimer justifie vraisemblablement le fait que 94 études cliniques et épidémiologiques ont été publiées entre 1995 et 2006 sur la relation entre la consommation modérée d'alcool, et en particulier de vin, et son incidence. Ces diverses études confirment le pouvoir neuroprotecteur de vin. Illustrons leurs résultats par deux exemples qui nous semblent les plus significatifs.

L'étude PAQUID (Personnes âgées Quid) est la première étude solide à avoir défini l'effet de la consommation modérée et régulière de vin rouge sur l'incidence de la maladie d'Alzheimer. Cette étude porte sur 3777 sujets issus de différentes localités de Gironde et de Dordogne. Contrairement à d'autres, les auteurs ont défini soigneusement 4 niveaux de consommation (verres par jour) de vin rouge: abstinence, légère (1-2), moyenne (3-4), importante (supérieure à 4). L'incidence de la maladie d'Alzheimer a été évaluée trois ans après l'entrée de chaque sujet dans l'étude. Comparés aux abstinents, les petits buveurs (1-2 verres par jour) voient leurs risques de développer la démence baisser de 1,8 fois; cette diminution est d'un facteur 4 pour une consommation moyenne (3-4 verres par jour). L'incidence des démences toutes formes confondues est près de 5 fois moindre chez les buveurs légers lorsqu'ils sont comparés aux abstinents.

Plus récemment, le Dr J. Lindsay et ses collaborateurs ont mené une étude prospective auprès de 10 263 femmes et hommes âgés de 65 ans et vivant dans 36 villes canadiennes ou en périphérie. Tous ces participants ont été soigneusement caractérisés d'un point de vue médical, psychologique et diététique au début de l'étude en 1991-1992 et cinq ans après. Les chercheurs observent à l'issue de cette étude que les sujets porteurs de l'apo E4 (un génotype de l'apolipoprotéine E) ont 3,25 fois plus de risques de développer la maladie d'Alzheimer. Par contre, ce risque est réduit de 35 % chez les patients recevant des anti-inflammatoires non stéroïdiens (l'aspirine), alors qu'une consommation régulière et modérée d'alcool sous forme de vin rouge diminue le risque d'au moins 50 %. La consommation régulière de café et l'exercice physique ont également un effet protecteur.

D'autres études menées aux États-Unis, en Finlande et aux Pays-Bas (étude Rotterdam) ont non seulement confirmé l'effet protecteur d'une consommation modérée de vin, mais aussi mis en évidence une courbe en U au-delà de 1-3 verres par jour, comme pour les affections cardiovasculaires. La consommation exagérée et massive d'alcool (le *binge drinker* des Anglo-Saxons) s'accompagne de risques accrus, jusque 3 fois, de développer la maladie d'Alzheimer.

Ces observations renforcent celles déjà mentionnées plus haut à propos des affections cardiovasculaires. Une consommation modérée et régulière de vin rouge a un effet non seulement cardioprotecteur, mais aussi neuroprotecteur.

Contrairement à ce que nous avons écrit pour le pouvoir cardioprotecteur du vin, peu d'articles scientifiques dignes de ce nom ont été consacrés au pouvoir neuroprotecteur du vin. La majorité des articles sont consacrés au resvératrol et doivent être interprétés avec les réserves que nous avons déjà émises.

Un article publié en 2008 dans le *FASEB Journal* a retenu cependant notre attention. Cette étude montre l'effet protecteur d'une consommation modérée de vin rouge sur le déclin des fonctions cognitives lié au développement de la plaque neuritique. Pour ce faire, les auteurs utilisent des souris transgéniques dans le génome desquelles le gène codant pour la synthèse du PPA a été incorporé. Ces animaux sont donc génétiquement prédisposés à développer une plaque neuritique associée chez l'homme à la maladie d'Alzheimer. Pendant 70 jours, les chercheurs administrent par voie buccale 4 ml de cabernet sauvignon dilué avec de l'eau à un groupe d'animaux, de l'alcool à 6% au deuxième groupe et de l'eau au troisième. À la fin de la période de traitements, ils effectuent des tests comportementaux pour évaluer les fonctions cognitives et mnésiques des trois groupes d'animaux. Ils observent ainsi une amélioration significative des fonctions cognitives chez les animaux traités au vin rouge, et une absence d'effet chez ceux qui ont reçu de l'eau ou de l'alcool. Ils constatent également que le traitement au cabernet sauvignon s'accompagne de moins de dépôts de substance amyloïde β (Aβ) au niveau du cerveau, et ce, par une augmentation du métabolisme normal du PPA.

Les mêmes auteurs ont confirmé ces résultats *in vivo* par une approche *in vitro*, utilisant la culture cellulaire et un extrait sec de cabernet sauvignon, riche en polyphénols. Et de conclure que cet effet neuroprotecteur du cabernet sauvignon correspond à une consommation modérée de vin rouge et que les effets observés ne sont pas dus au resvératrol dont la concentration était trop faible.

Nous avons tenté de montrer dans les pages précédentes comment les résultats de laboratoire objectivent des observations issues d'études effectuées sur différents groupes de population du monde occidental : une consommation modérée et régulière de vin rouge nous aide à mieux vieillir en nous protégeant, entre autres, contre deux grands types d'affections liées à l'âge : les maladies cardiovasculaires et la démence d'Alzheimer. Dans les temps anciens, certains ne considéraient-ils pas déjà le vin comme « le lait des personnes âgées » ?

Ces diverses études épidémiologiques portent sur des individus d'âge adulte, suivant en cela (peut-être sans le savoir !) la recommandation de Platon : les garçons de moins de dix-huit ans ne devraient pas boire de vin, car il ne sert à rien de jeter de l'huile sur le feu…

La notion de modération, que mettent aussi en évidence ces différentes études, n'est pas nouvelle, elle non plus. Citons cette parole d'Eubule, homme d'État athénien au IVe siècle av. J.-C. :

> Je mélange trois bols pour ceux qui sont sobres
> Un pour la santé qu'ils vident en premier,
> Le deuxième pour l'amour et le plaisir,
> Le troisième pour le sommeil,
> Quand ce dernier est vide, les hôtes avisés rentrent chez eux […]

Les autres bols ne sont plus pour nous, ajoute-t-il en résumé, car ils conduisent aux abus et aux maux de toutes sortes.

Et Arnaud de Villeneuve de conclure : « Buvez-en peu, mais qu'il soit bon. Le bon vin sert de médecine, le mauvais vin est un poison. »

Ainsi, depuis longtemps déjà, le chiffre 3 est associé à la modération, à la sagesse.

LA PRODUCTION ET LE COMMERCE

Si n'êtes en lieu pour vendre votre vin,
que feriez-vous d'un grand vignoble?

OLIVIER DE SERRES

Le vin fait l'objet de mille soins depuis les temps anciens, et ce, malgré la faible taille du vignoble, moins de 1% de la surface mondiale cultivée, et la place restreinte, voire nulle, qu'occupe le vin dans la vie de chacun d'entre nous et dans certaines cultures. Pourquoi? Tout simplement, parce que «le vin roule de l'or», comme disait Charles Baudelaire; cette citation est particulièrement pertinente en ce début de siècle.

La production

Après une croissance soutenue jusqu'à la fin des années 1970, la superficie du vignoble mondial commence à décroître. Cela s'explique par une réduction de la taille du vignoble européen due à l'octroi de primes à l'arrachage dans les principaux pays producteurs de vin. En 2000, sa taille est estimée par l'organisation internationale du vin et de la vigne (OIV) à 7,8 millions d'ha. Le même organisme observe une diminution progressive de 3% jusqu'en 2011.

Pour cette même période, les vignobles des grands producteurs de vin européens (France, Italie, Espagne) diminuent de 12 à 19%, alors que la taille des vignobles du nouveau monde augmente. Si le vignoble nord-américain reste stable, l'importance des vignobles sud-américains connaît une certaine croissance. Les augmentations les plus significatives sont observées pour le vignoble néo-zélandais, qui a plus que doublé, et le vignoble chinois, dont la superficie a augmenté de 86% pour la même période.

La production annuelle de vin à l'échelle mondiale était de 334 millions d'hectolitres pour la période 1981-1985. Entre 1986 et 1990, elle avoisinait les 300 millions d'hectolitres. Cette baisse significative de la production, de près de 10%, s'est encore accentuée au cours des années suivantes pour atteindre un volume de 263 millions d'hectolitres par année en 1995.

L'expansion du vignoble en Amérique, en Océanie, en Afrique mais aussi en Asie s'accompagne d'une augmentation de la production mondiale de vin jusqu'en 2006.

En 2007, cependant, un nouveau recul de la production mondiale est observé, en raison d'une baisse de production en Océanie due aux sécheresses qui ont frappé l'Australie, neuvième producteur de vin à l'échelle mondiale, mais également quatrième plus important exportateur.

En 2011, l'OIV observe une production mondiale de vin (265 millions d'hl) semblable à celle de 2007 (266 millions d'hl) mais en recul par rapport à celle de l'an 2000 (280 millions d'hl).

Même si en 2011, la France, l'Espagne et l'Italie restent les principaux producteurs de vin à l'échelle mondiale, leur production est nettement inférieure à celle de l'an 2000. Pour la France, cette production annuelle passe de 57,5 à 49,6 millions d'hl. Cette décroissance est plus marquée et avoisine 20% pour l'Espagne et l'Italie.

Pour cette même période, la production est aussi en décroissance pour les États-Unis (-13%) et pour l'Allemagne (-2%).

La production est par contre en nette augmentation pour les autres pays du *top ten*. Cette augmentation est proche de 20% pour l'Argentine, l'Australie et la Chine. Elle culmine à 36% pour le Chili et 39% pour l'Afrique du Sud.

La consommation

Entre 2000 et 2011, la consommation mondiale de vin en 2011 est de 8 % supérieure à celle de 2000. L'OIV observe cependant un pic de consommation (+11 %) en 2007. Cette diminution de 3 % est due en partie à la crise économique, mais aussi à une baisse persistante de la production et de la consommation en Europe. Cette régression de la consommation peut expliquer, du moins partiellement, pourquoi le négociant en vin numéro un mondial, Constellation, a signé un accord pour vendre la majeure partie de ses activités en Australie et au Royaume-Uni à l'Australien Champ en décembre 2010.

En Europe, on assiste à une diminution de la consommation de vin entre 2005 et 2007 dans les principaux pays producteurs cités ci-dessus. Ce recul peut s'expliquer par des changements d'ordre sociologique. D'une part, la consommation de vin en accompagnement des repas diminue. D'autre part, la transmission de la culture du vin est en voie de disparition; les parents ne prennent plus le temps de montrer à leurs enfants la façon de «connaître le vin», les rendant du même coup plus susceptibles d'adopter d'autres types boissons, alcoolisées ou non.

Ainsi, le consommateur, surtout jeune, perçoit davantage le vin comme une boisson festive, réservée aux occasions spéciales, le plaçant dans une situation de concurrence dangereuse et déloyale avec les spiritueux (whisky, rhum, vodka, gin).

Pendant la même période (2000-2011), on enregistre cependant une augmentation de la consommation du vin dans les pays nouvellement producteurs, non producteurs ou faiblement producteurs, comme les États-Unis (+ 34%), la Grande-Bretagne (+ 32%), la Chine (+ 59%) et l'ex-URSS (47%).

La distribution

Les producteurs vinicoles se retrouvent devant un nouveau type de consommateurs qui, bien que peu connaisseurs, sont à la recherche de vins de qualité, surprenants, avec une touche d'exotisme.

Les viticulteurs du Nouveau Monde ont très bien compris cette nouvelle tendance en concentrant principalement leurs produits dans la catégorie *premium* et *popular premium*.

Les «nouveaux» pays producteurs misent aussi, très souvent, sur des caractéristiques telles que l'accessibilité ou la simplicité, offrant une qualité régulière et une marque. Toutes ces particularités sont nécessaires pour attirer un consommateur jeune et sollicité par de nombreux produits concurrents. Les producteurs de vin de ces pays prennent en considération les autres besoins de ce nouveau consommateur qui est la recherche d'un vin facile à boire: «Goûtez-moi ce bon petit vin, il est taillé sur mesure... Allez-y franchement, il ne coûte pas cher...» Comme je vous disais.

Pour atteindre ces objectifs commerciaux, il faut d'abord réduire le nombre de cépages. À titre d'exemple, le vignoble français s'est aligné sur la tendance d'uniformisation mondiale. Depuis une vingtaine d'années, on assiste à une augmentation de la plantation de cépages à la mode — le merlot (+200%), le cabernet sauvignon (+164%) et la syrah (+451%) pour les cépages noirs; le chardonnay

(+221%) et le sauvignon (+231%) pour les cépages blancs — qui sont en forte demande à l'échelle internationale. Cette réorientation du vignoble s'est opérée aux dépens de cépages plus traditionnels comme l'aramon, le cinsault, l'ugni blanc ou le carignan. Le tannat, quant à lui, semble avoir trouvé sa terre promise en Amérique du Sud, en Uruguay plus exactement.

Dans cette lutte, les «nouveaux» producteurs comptent aussi sur un réseau de mise en marché efficace répondant aux objectifs d'un plan précis de conquête des marchés. C'est le cas de l'Australie: en plus de s'être dotée d'une stratégie nationale pour la promotion de ses exportations internationales, «Strategy 2025», elle mise sur quatre entreprises qui assurent 65% de la mise en marché du vin produit et qui, le plus souvent, s'associent pour pénétrer les marchés extérieurs.

Cette façon de faire contraste avec celle de la France, par exemple, qui compte pas moins de 400 appellations d'origine contrôlée (AOC), 43 vins délimités de qualité supérieure (VDQS) et 127 autres dénominations, mettant le consommateur dans une position difficile lorsque vient le temps de faire un choix.

La filière de distribution traditionnelle française diffère également de celle que l'on trouve dans le Nouveau Monde, spécialement en matière de négoce. Dans ces pays, on assiste, dans cette partie de l'industrie du vin, à une plus grande concentration et à une plus grande intégration de la vinification et d'une partie des besoins en raisins. L'intégration verticale leur donne en outre la possibilité de localiser la valeur ajoutée au jugé le plus utile de la production. Par exemple en amont, c'est-à-dire dans les infrastructures d'irrigation, ou en aval, dans le budget promotionnel. Elle permet aussi de faire remonter en amont les indications commerciales des marchés de consommation, alors que la filière traditionnelle transporte aux consommateurs prioritairement un modèle dans lequel la redistribution, la dénomination géographique et les contraintes de vinification permettant d'exprimer les caractéristiques du vin jouent un rôle central.

De plus, les producteurs de vin du Nouveau Monde n'hésitent pas à signer entre eux des accords, comme le Mutual Acceptance Agreement on Oenological Practices en 2001, entre les États-Unis, le Canada, le Chili, l'Australie et la Nouvelle-Zélande, afin d'accroître leurs débouchés commerciaux entre eux et, à plus long terme, sur le marché européen.

Ces divers aspects contrastent avec les façons de faire de pays dotés d'une longue tradition viticole: dispersion des structures de commercialisation et faiblesse des budgets promotionnels sur les marchés extérieurs. À titre d'exemple, pour ces mêmes structures de commercialisation, on compte en France environ 750 opérateurs qui bénéficient d'une structure familiale et qui sont fiers de leur indépendance, sans recours, ou le moins possible, à des capitaux extérieurs, limitant ainsi leur capacité de commercialisation.

Le fait de pouvoir compter sur une mise en marché efficace est désormais d'une importance primordiale, car la grande distribution est devenue, dans les divers pays, le débouché principal pour la commercialisation du vin. En 2000, les grandes et moyennes surfaces assuraient 75% des ventes de vin aux ménages en France, 70% en Grande-Bretagne, 67% en Allemagne et 41% aux États-Unis. La grande distribution tend à offrir aux consommateurs des vins de marque disponibles en grande quantité et répondant à leurs attentes en matière d'exotisme et de diversité. Ces consommateurs sont ainsi placés devant une offre variée, qui leur donne l'embarras du choix en l'absence de conseillers à l'achat. Ce mode de distribution oblige dont les producteurs de vin à toucher les consommateurs par de nouveaux moyens, tels qu'une stratégie de communication directe et un packaging attrayant.

Mais ne nous y trompons pas, les grandes maisons de Champagne ont depuis longtemps exporté leur savoir-faire dans le nouveau

vignoble; elles y confectionnent des vins de méthode champenoise
à moindres frais.

De même, les maisons du négoce bourguignon et les proprié-
taires de crus classés bordelais, le plus souvent impliqués dans le
commerce d'autres objets de luxe, ont créé des officines tant en
Asie qu'en Amérique. Ainsi, les financiers du vin ne se cantonnent
plus aux seuls vins de prestige *ultra premium*, si vous préférez; ils
couvrent toute la gamme de l'or rouge, comme dans le domaine de
la mode. En délocalisant une partie de leurs activités et en en créant
de nouvelles, ils misent sur des conditions climatiques favorables et
stables, et bénéficient d'un cadre réglementaire souple, qui n'interdit
pas l'irrigation, les assemblages, les pratiques œnologiques visant
à améliorer le goût ou l'aspect, comme c'est le cas en France. Ils
profitent aussi de coûts d'exploitation moindres. Ces groupes financiers, en investissant dans des régions plus septentrionales, comme
les provinces de Colombie-Britannique ou de l'Ontario au Canada,
n'anticipent-ils pas les conséquences du réchauffement climatique
dans le Médoc, par exemple?

Enfin, les faiseurs de vins volants (traduction littérale de «*flying
wine makers*»), et non plus œnologues, comme on les appelle maintenant, originaires des vieux pays et forts d'un savoir-faire millénaire, guident la vinification dans plusieurs dizaines de vignobles
simultanément chez les nouveaux venus du vignoble planétaire. Ils
garantissent ainsi aux nouveaux barons de l'or rouge un rendement
immédiat, des vins taillés sur mesure, répondant exactement aux
critères de qualité des gourous de la dégustation. C'est grâce à ces
alchimistes d'un nouveau genre que le jugement de Hong-Kong vient
tout justement d'être rendu après celui de Paris... en 1976.

Les exportations

Entre 2000 et 2011, les exportations de vin français sont passées
de 15 à 14 millions d'hl. Un minimum a été atteint en 2009 avec

12,5 millions d'hl. Pendant cette même période les exportations des vins espagnols augmentaient de façon continue. En 2011, l'Italie est devenue le premier exportateur de vin (24,3 millions hl), suivie de près par l'Espagne (22,3 million hl). Les exportations des vins dits du Nouveau Monde, c'est-à-dire l'Australie, les États-Unis, la Nouvelle-Zélande, le Chili, l'Argentine et l'Afrique du Sud, ont aussi connu une croissance continue et importante pouvant atteindre des sommets de près de 400%.

La diminution des coûts logistiques et la levée de certaines barrières commerciales sont les principaux facteurs qui ont permis aux pays producteurs émergents d'exporter vers de nouveaux marchés, dont le marché anglais, qui a toujours été considéré comme un marché test dans le milieu viticole, puisqu'il est, aux yeux des analystes, une vitrine de la consommation mondiale du vin.

Sur ce marché, les vins du Nouveau Monde, et plus particulièrement ceux qui viennent d'Australie, de Californie et du Chili, ont réussi une percée extraordinaire ces dernières années dans tous les circuits, c'est-à-dire cavistes et grande et moyenne distributions, surtout dans les secteurs *premium* et *ultra premium* selon le rapport de Gérard César (2002). La France est insuffisamment présente sur le segment des vins *premium*, en raison de son manque de dynamisme sur le plan commercial. Le seul segment du marché dans lequel la suprématie française reste incontestée est celui des *ultra premium*, qui s'apparente à un marché du luxe.

Grâce à l'Allemagne et au Royaume-Uni, l'Union européenne reste le premier importateur mondial de vin avec plus de 48 millions d'hectolitres en 2007, suivie de l'Amérique et de l'Asie. Toutefois, une analyse temporelle des données relatives à l'importation du vin à l'échelle internationale nous montre que l'Asie a connu une hausse de 40,8% de ses importations entre 2005 et 2007, suivie par les pays d'Europe centrale et orientale (+40,5%). En Asie, la plus forte croissance a été enregistrée en Chine (+177%), à Macao (+73%), en Corée (+67%) et à Hong-Kong (+55%).

Selon une récente recherche de VINEXPO, la consommation de vin en Chine devrait atteindre 1,478 milliard de bouteilles en 2014!

L'Asie est aussi présente dans les ventes aux enchères des vins *ultra premium*. Cela explique pourquoi, en 2010, les sociétés de commissaires-priseurs ont enregistré des revenus records de 350 millions de dollars. De plus, Hong-Kong est devenu le centre le plus important pour les ventes aux enchères des vins *ultra premium* à l'échelle mondiale, dépassant ainsi New York.

Que conclure? Les chiffres parlent d'eux-mêmes. À l'heure de la mondialisation, le commerce du vin a suivi celui des autres biens de consommation. Dans ce domaine de l'économie globale, du profit rapide et de la contrefaçon même et surtout pour les vins *ultra premium*, il semble que le vigneron artisan ait été oublié.

Pourtant, devant les vrais défis associés à une mondialisation mal contrôlée, la viticulture, la vinification et le commerce du vin auront plus que jamais besoin des 24 saints protecteurs dont l'Église catholique a entouré le monde du vin dès le Moyen Âge. Demain, on fêtera saint Vincent en Inde, on priera saint Jean-Baptiste en Chine. Justement, vous ne savez peut-être pas que le Précurseur, le saint protecteur du Québec, est aussi celui des forts qui manipulent les foudres et autres pièces de vin. Dans ce cas cependant, nous ne savons pas s'il protège contre les maux de dos et les courbatures ou contre un bris de tonneau... perte de revenus plus importants.

Demain, croyez-moi, on priera saint Jean le Baptiste avant qu'un container d'or rouge, préparé sous l'œil expert d'un *flying wine maker*, ne quitte le port de Shanghai à destination de la cité phocéenne, par exemple.

Conclusion

Si le vin disparaissait de la production humaine, il se ferait
dans la santé et dans l'intelligence un vide, une absence plus affreuse
que tous les excès dont on le rend coupable.

BAUDELAIRE

Nous venons de survoler cent cinquante ans d'histoire, les dernières de près de dix millénaires. Celles-ci correspondent à l'ère scientifique inaugurée par Louis Pasteur au XIXe siècle. Ce savant remarquable était aussi un grand ami des hommes et un œnophile averti, l'un n'allant pas sans l'autre. C'est en connaissance de cause qu'il professait : « Pris en quantité modérée, le vin est la plus saine et la plus hygiénique des boissons. »

Je ne sais pas si vous êtes comme moi, mais ce parcours a éveillé en moi au moins trois sentiments, sources de réflexion : un sentiment d'humilité ; un sentiment d'inquiétude ; et un sentiment de partage et d'espoir.

Humilité face à la complexité du vin. Complexe dans sa nature, ses origines, les sensations qu'il procure, ses relations avec notre santé, le vin suscite l'admiration, appelle le respect. Respect pour ce fruit de la vigne, mais aussi pour le travail de ces générations d'hommes de talent et de cœur qui se sont succédé et qui ont contribué à nous procurer «des vins loyaux, francs, constants et marchands», pour reprendre une expression moyenâgeuse.

J'espère que ces quelques pages ont jeté un peu de lumière sur ce monde fascinant et mystérieux, et qu'elles nous aideront à mieux connaître le vin, à mieux l'aimer, bref, qu'elles nous rendront plus œnophiles.

Inquiétude, à un triple point de vue. La pollution par les pesticides d'abord, les changements climatiques ensuite et la mondialisation enfin.

Mes recherches bibliographiques consacrées aux pesticides m'ont effrayé et m'ont amené à me poser une terrible question: si ces armes de destruction massive portaient en elles les germes de la fin de notre civilisation? Pur délire, me direz-vous? Je l'espère. Cependant, ne l'oublions pas, des toxiques minéraux, le plomb et d'autres métaux lourds, dont certains entrent dans la composition des pesticides, sont considérés par différents historiens comme l'une des causes de la fin de l'Empire romain, bien avant qu'on ne découvre leurs effets délétères pour notre santé. Ce qui n'est pas le cas des pesticides, car des approches scientifiques modernes nous avertissent de leurs effets secondaires chroniques: baisse de la fertilité, cancer, dégénérescence neurologique.

Inquiétude également face aux changements climatiques, aux conséquences imprévisibles auxquelles nous ne sommes pas préparés et qui commencent déjà à se faire sentir, ainsi que l'illustrait concrètement un récent reportage de la BBC où l'on se demandait s'il faudrait bientôt transplanter les vignes du Bordelais en Angleterre, par exemple. Il en va de la vigne comme d'autres domaines: l'ignorance et l'absence de vision alliées à l'esprit de lucre prennent souvent le pas sur l'esprit critique et la recherche de solutions généreuses, comme l'a fait si justement Louis Pasteur en son temps pour les maladies infectieuses du vin, des animaux et les nôtres, pauvres humains.

Inquiétude aussi face au vignoble mondial. La mondialisation et ses manifestations diverses, nous en connaissons de nombreux exemples issus d'un manque de scrupules dans différents domaines. Pourquoi n'en serait-il pas de même dans la production et le commerce du vin? La production industrielle de vin sans grand relief dans des pays ayant peu de tradition œnologique, voire aucune, contribue déjà à l'extinction de ces artisans viticulteurs qui, de génération en génération, ont fait le vin tel que nous le connaissons aujourd'hui.

Maintenant, le moment est venu de refermer mon livre, un verre de Bordeaux loyal à la main, et de partager avec vous, chers amis œnophiles, cette convivialité du symposium chère aux Grecs. C'est bien de cette générosité, de ce partage qu'il s'agit lorsque le Talmud de Babylone dit: «C'est moi, le vin, qui suis le premier de tous les remèdes; là où il n'y a pas de vin, on a besoin de drogues.»

Bibliographie

Ouvrages généraux

Halliwell, B. et M. C. Gutteridge, *Free Radicals in Biology and Medicine*, 4ᵉ éd., Londres, Oxford University Press, 2007.

Jackson, R. S., *Wine Science, Principles and Applications*, 3ᵉ éd., Burlington, Academic Press, 2008.

Kumar, V., A. K. Abbas *et al.*, *Robbins and Cotran Pathologic Basis of Disease*, 8ᵉ éd., Philadelphie, Saunders, 2010.

Liger-Belair, G., *Effervescence. La science du champagne*, Paris, Odile Jacob, 2009.

Pivot, B., *Dictionnaire amoureux du vin*, Paris, Plon, 2009.

Ribéreau-Gayon, P., Y. Glories *et al.*, *Traité d'œnologie. Chimie du vin, stabilisation et traitements*, tome II, Paris, La Vigne/Dunod, 1998.

Articles scientifiques

Baldi, I., A. Gruber *et al.*, « Neurobehavioral Effects of Long-Term Exposure to Pesticides: Results from the 4-year Follow-up of the PHYTONER Study », *Occupational and Environmental Medicine*, nº 68, 2011, p. 108-115.

Barnard, H., A. N. Dooley *et al.*, « Chemical Evidence for Wine Production Around 4000 BCE in the Late Chalcolithic Near Eastern Highlands », *Journal of Archaeological Science*, nº 38, 2011, p. 977-984.

Carmona, M.-J., J. Chaïb *et al.*, « A Molecular Genetic Perspective of Reproductive Development in Grapevine », *Society for Experimental Biology*, nº 59, 2008, p. 2579-2596.

Casida, J. E., «Pest Toxicology. The Primay Mechanisms of Pesticide Action», *Chemical Research Toxicology*, n° 22, 2009, p. 609-619.

Cicchetti, F., J. Drouin-Ouellet et R. E. Gross, «Environmental Toxins and Parkinson's Disease. What Have We Learned From Pesticide-Induced Animal Models?», *Trends in Pharmacological Sciences*, n° 29, 2008, p. 475-483.

Duchêne, E., J.-L. Legras *et al.*, «Variation of Linalool and Geraniol Content Within Two Pairs of Aromatic and Non-Aromatic Grapevine Clones», *Australian Journal of Grape and Wine Research*, n° 15, 2009, p. 120-130.

Étude vin PAN-Europe, «Message dans une bouteille. Étude sur la présence de résidus de pesticides dans le vin», 26 mars 2008.

Francesco, L. et M. Watanabe, «Vintage Genetic Engineering», *Nature Biotechnology*, n° 26, 2008, p. 261-263.

Hung, Y. H., A. Bush et R. A. Cherny, «Copper in the Brain and Alzheimer's Disease», *Journal of Biological Inorganic Chemistry*, n° 15, 2010, p. 61-76.

Komarek, M., E. Cadkova *et al.*, «Contamination of Vineyard Soils with Fungicides. A Review of Environmental and Toxicological Aspects», *Environment International*, n° 36, 2010, p. 138-151.

Myles, S., A. R. Boyko *et al.*, «Genetic Structure and Domestication History of Grape», *Proceedings of the National Academy of Sciences of the United States of America*, n° 108, 2011, p. 3530-3535.

Pelsy, F., S. Hocquigny *et al.*, «An Extensive Study of the Genetic Diversity Within Seven French Wine Grape Variety Collections», *Theoretical and Applied Genetics*, n° 120, 2010, p. 1219-1231.

This, P., T. Lacombe et M. R. Thomas, «Historical Origins and Genetic Diversity of Wine Grapes», *Trends in Genetics*, vol. 22, n° 9, 2006, p. 511-519.

La vinification

Bartowsky, E. J. et A. R. Borneman, «Genomic Variations of *Oenococcus Oeni* Strains and the Potential to Impact on Malolactic Fermentation and Aroma Compounds in Wine», *Applied Microbiology and Biotechnology*, n° 92, 2011, p. 441-447.

Bellon, J. R., J. M. Eglinton *et al.*, «Newly Generated Interspecific Wine Yeast Hybrids Introduce Flavour and Aroma Diversity to Wine», *Applied Microbiology and Biotechnology*, n° 91, 2011, p. 603-612.

Hyma, K. E., S. M. Saerens *et al.*, «Divergence in Wine Characteristics Produced by Wild and Domesticated Strains of Saccharomyces Cerevisiae», *FEMS Yeast Research*, n° 11, 2011, p. 540-551.

Labanda, J., S. Vichi *et al.*, «Membrane Separation Technology for the Reduction of Alcoholic Degree of a White Model Wine», *LWT Food Science Technology*, n° 42, 2009, p. 1390-1395.

Massot, A., M. Mietton-Peuchot *et al.*, «Nanofiltration and Inverse Osmosis in Winemaking», *Desalination*, n° 231, 2008, p. 283-289.

Schmidtke, L. M., A. C. Clark et G. R. Scollary, «Micro-Oxygenation of Red Wine. Techniques, Applications and Outcomes», *Critical Reviews on Food Science and Nutrition*, n° 51, 2011, p. 115-131.

La vue

Birse, M. J., *The Colour of Red Wine*, thèse de doctorat, Université d'Adélaïde, 2007.

Zenoni, S., A. Ferrarini *et al.*, «Characterization of Transcriptional Complexity During Berry Development in *Vitis Vinifera* Using RNA-Seq», *Plant Physiology*, n° 152, 2010, p. 1787-1795.

L'olfaction

Barnham, P., L.-H. Skibsted *et al.*, «Molecular Gastronomy. A New Emerging Scientific Discipline», *Chemical Reviews*, n° 110, 2010, p. 2313-2385.

Doty, R. L., «The Olfactory System and Its Disorders», *Seminars in Neurology*, n° 29, 2009, p. 74-81.

Ebeler, S. E., J. H. Thorngate, «Wine Chemistry and Flavor. Looking Into the Crystal Glass», *Journal of Agriculture and Food Chemistry*, n° 57, 2009, p. 8098-8108.

Lundström, J. N., S. Boesveldt et J. Albrecht, «Central Processing of the Chemical Senses. An Overview», *ASC Chemical Neuroscience*, n° 2, 2011, p. 5-16.

Rock, F., N. Barsan et U. Weimar, «Electronic Nose. Current Status and Future Trends», *Chemical Reviews*, n° 108, 2008, p. 705-725.

Roland, A., R. Schneider *et al.*, «Varietal Thiols in Wine. Discovery, Analysis and Applications», *Chemical Reviews*, n° 111, 2011, p. 7355-7376.

Sefton, M. A., G. K. Skouroumounis *et al.*, «Occurrence, Sensory Impact, Formation and Fate of Damascanone in Grapes, Wines, and Other Foods and Beverages», *Journal of Agriculture and Food Chemistry*, n° 59, 2011, p. 9717-9746.

Styger, G., B. Prior et F. F. Bauer, «Wine Flavour and Aroma», *Journal of Industrial Microbiology and Biotechnology*, n° 38, 2011, p. 1145-1159.

Le goût

Bajec, M. R. et G. J. Pickering, «Astringency. Mechanisms and Perception», *Critical Reviews in Food Science and Nutrition*, n° 48, 2008, p. 858-875.

Chandrashekar, J., M. A. Hoon *et al.*, «The Receptors and Cells for Mammalian Taste», *Nature*, n° 444, 2006, p. 288-294.

Les antioxydants

Forester, S. C. et A. L. Waterhouse, «Metabolites Are Key to Understanding Health Effects of Wine Polyphenolics», *Journal of Nutrition*, n° 138, 2009, p. 1824S-1831S.

Galleano, M., S. V. Verstraeten *et al.*, «Antioxidant Actions of Flavonoids. Thermodynamics and Kinetic Analysis», *Archives Biochem Biophysics*, n° 501, 2010, p. 23-30.

Gutteridge, J. M. C. et B. Halliwell, «Antioxydants. Molecules, Medicines and Myths», *Biochemical*, n° 393, 2010, p. 561-564.

Hocquette, J. F., I. Cassar-Malek *et al.*, «Contribution of Genomics to the Understanding of Physiological Functions», *Journal of Physiology and Pharmacology*, n° 60, 2009, p. 5-16.

Le vin et les maladies cardiovasculaires

Das, S., D. D. Santani et N. S. Dhalla, «Experimental Evidence for the Cardioprotective Effects of Red Wine», *Experimental and Clinical Cardiology*, n° 12, 2007, p. 5-10.

Ducimetière, P., «La fréquence de la maladie coronaire en France et le paradoxe français», *Médecine-Sciences*, n° 16, 2000, p. 1040-1044.

Fitzpatrick, D. F., S. L. Hirschfield et R. G. Coffey, «Endothelium-Dependent Vasorelaxing Activity of Wine and Other Grape Products», *American Journal Physiology*, n° 265, 1993, p. 774-778.

Flesch, M., A. Schwarz et M. Böhm, « Effects of Red and White Wine on Endothelium-Dependent Vasorelaxation of Rat Aorta and Human Coronary Arteries », *American Journal Physiology*, n° 275, 1998, p. H1183-H1190.

Klatsky, A. L., « Alcohol and Cardiovascular Health », *Physiology and Behaviour*, n° 100, 2010, p. 76-81.

Mukamal, K. J., S. E. Chiuve et E. B. Rimm, « Alcohol Consumption and Risk for Coronary Heart Disease in Men With Healthy Lifestyles », *Archives of Internal Medicine*, n° 166, 2006, p. 2145-2150.

Natella, F., A. Macone *et al.*, « Red Wine Prevents the Postprandial Increase in Plasma Cholestérol Oxidation Products. A Pilot Study », *British Journal of Nutrition*, n° 4, 2011, p. 1-6.

Sparwel, J., M. Vantler *et al.*, « Differential Effects of Red and White Wines on Inhibition of the Platelet-Derived Growth Factor Receptor. Impact of the Mash Fermentation », *Cardiovascular Research*, n° 81, 2009, p. 758-770.

St Léger, A. S., A. L. Cochrane et F. Moore, « Factors Associated With Cardiac Mortality in Developed Countries With Particular Reference to the Consumption of Wine », *The Lancet*, 1979, p. 1017-1020.

Stoclet, J. C., T. Chataigneau *et al.*, « Vascular Protection by Dietary Polyphenols », *European Journal of Pharmacology*, n° 500, 2004, p. 299-313.

Le vin et la maladie d'Alzheimer

Helmer, C., E. Peuchant *et al.*, « Association Between Antioxidant Nutritional Indicators and the Incidence of Dementia. Results From the PAQUID Prospective Cohort Study », *European Journal of Clinical Nutrition*, n° 57, 2003, p. 1555-1561.

Letenneur, L., « Risk of Dementia and Alcohol and Wine Consumption. A Review of Recent Results », *Biological Research*, n° 37, 2004, p. 189-193.

Lindsay, J., D. Laurin *et al.*, « Risk Factors for Alzheimer's Disease. A Prospective Analysis from the Canadian Study of Health and Aging », *American Journal of Epidemiology*, n° 156, 2002, p. 445-453.

Ono, K., M. M. Condron *et al.*, « Effects of Grape Seed-Derived Polyphenols on Amyloid β-Protein Self-Assembly and Cytotoxicity », *Journal of Biological Chemistry*, n° 283, 2008, p. 32176-32187.

Wang, J., L. Ho *et al.*, « Moderate Consumption of Cabernet Sauvignon Attenuates Aβ Neuropathology in a Mouse Model of Alzheimer Disease », *Federation of American Societies for Experimental Biology*, n° 20, 2006, p. 2313-2320.

Le commerce du vin à l'heure de la mondialisation

César, G., *Rapport d'information fait au nom de la commission des Affaires économiques et du Plan par le groupe de travail sur l'Avenir de la Viticulture Française*, Sénat (session extraordinaire), n° 349, 2001-2002.

César, G., P. H. Cugnenc *et al.*, *Le livre blanc de la viticulture française. Le rôle et la place du vin dans la société*, Bibliothèque des rapports publics. http://www.ladocumentationfrancaise.fr/rapports-publics/044000351/index.shtml

Gulias, R., «Champ Private Equity Uncorks Constellation Wine Deal», *The Australian*, 27 décembre 2010.

OIV, *State of Vitiviniculture World Report*, 2004, 2007, 2012.

VINEXPO/IWSR, *La conjoncture mondiale du vin et ses perspectives à l'horizon 2010*, dossier de presse, VINEXPO, Bordeaux, 17-21 juin 2007.

Table des matières

LE VIN ET LA SANTÉ

LA PRODUCTION ET LE COMMERCE